Riqueza, a prosperidade que vem de Deus

HERNANDES DIAS LOPES

Riqueza, a prosperidade que vem de Deus

© 2009 por Hernandes Dias Lopes

1ª edição: março de 2009
5ª reimpressão: dezembro de 2022

Revisão
João Guimarães
Lilian Palhares

Diagramação
Sandra Oliveira

Capa
Douglas Lucas

Editor
Aldo Menezes

Coordenador de produção
Mauro Terrengui

Impressão e acabamento
Imprensa da Fé

PUBLICADO ANTERIORMENTE SOB O TÍTULO:
Dinheiro: a prosperidade que vem de Deus.

As opiniões, as interpretações e os conceitos emitidos nesta obra são de responsabilidade do autor e não refletem necessariamente o ponto de vista da Hagnos.

Todos os direitos desta edição reservados à
Editora Hagnos Ltda.
Rua Geraldo Flausino Gomes, 42, conj. 41
CEP 04575-060 — São Paulo, SP
Tel.: (11) 5990-3308

E-mail: hagnos@hagnos.com.br
Home page: www.hagnos.com.br

Editora associada à

Dados Internacionais de Catalogação na Publicação (CIP)
(Câmara Brasileira do Livro, SP, Brasil)

Lopes, Hernandes Dias
    Riqueza: a prosperidade que vem de Deus / Hernandes Dias Lopes — São Paulo: Hagnos, 2009.

    ISBN 978-85-243-0385-2

    1. Deus 2. Dinheiro - Ensino bíblico 3. Fé 4. Finanças - Ensino bíblico 5. Prosperidade 6. Vida cristã I. Título.

09-00311   CDD-248.4

Índices para catálogo sistemático:
1. Dinheiro: Conceitos bíblicos: Vida cristã   248.4
2. Finanças: Conceitos bíblicos: Vida cristã   248.4

Dedicatória

Dedico este livro ao presbítero José Lorenzo Solino e à sua querida esposa Mariléa Silva Solino, irmãos queridos, amigos achegados, bênção de Deus em nossa vida, família e ministério.

Sumário

Prefácio 9

Introdução 13

1. Mitos e verdades sobre o dinheiro 19

2. Dinheiro, o privilégio de dar é maior que o de receber 35

3. Dinheiro, uma semente que se multiplica 53

4. Dinheiro, o perigo dos investimentos errados 71

5. Dinheiro, as janelas abertas dos céus 89

Prefácio

Somos uma aldeia global. A globalização fez do nosso planeta uma terra de todos. Estamos conectados via satélite com o mundo inteiro. Nós não somos uma ilha. O que acontece do outro lado do mar entra em nossa casa imediatamente e atinge nossas emoções e também o nosso bolso.

Um dos fatores mais decisivos da globalização é que a riqueza do planeta está se concentrando nas mãos de poucas empresas. Há companhias mais ricas do que alguns países. Há indivíduos detentores de fortunas colossais. Só o Brasil produz três bilionários por mês.

As empresas querem mais do seu tempo e do seu dinheiro. O lucro tornou-se o vetor que norteia os destinos das empresas modernas. O ter passou a ser mais importante que o ser. O desempenho sobrepuja o caráter. Os resultados valem mais do que as regras.

Para alimentar o sistema e fazer essa máquina girar, somos empurrados para uma ciranda louca de consumismo. O comércio guloso, com sua bocarra aberta, gera a cada dia mais insatisfação dentro de nós, convencendo-nos de que a nossa felicidade está diretamente ligada aos produtos. Há aqueles que se capitulam a esse apelo e compram o que não precisam, com um dinheiro que não possuem, para impressionar pessoas que não conhecem.

Muitos indivíduos, seduzidos pela fascinação das riquezas, transigem com seus valores, amordaçam a consciência e se curvam aos apelos do lucro ilícito. A corrupção está incrustada na medula da nossa nação. Ela enfiou seus tentáculos em todos os setores da sociedade. Está presente nos poderes constituídos. Nos corredores do poder, há inúmeras ratazanas esfaimadas escondidas por trás de togas reverentes. Nos palácios e casas legislativas há muitos criminosos que assaltam o erário público, escondidos atrás de títulos pejados de honra. Nossa sociedade está levedada pelo fermento da corrupção. A causa precípua desse desatino moral é o amor ao dinheiro, a raiz de todos os males.

O dinheiro se tornou o mais poderoso senhor de escravos da atualidade. Ele deixou de ser apenas uma moeda para transformar-se num ídolo. O dinheiro é Mamom, o deus mais adorado neste século. Por ele, muitos se casam, divorciam-se, mentem, matam e morrem. Aqueles, entretanto, que pensam que o dinheiro é um fim em si mesmo, que correm atrás dele delirantemente, descobrem frustrados, e tarde demais, que seu brilho é falso, que sua glória se desvanece, que seu prazer é transitório. O dinheiro não satisfaz. Ele não pode sequer oferecer segurança. Aqueles que fazem do dinheiro a razão de sua vida caem em tentação e cilada e atormentam a sua alma com muitos flagelos.

O dinheiro, porém, é bom. Ele é necessário. É um meio e não um fim. É um instrumento por intermédio do qual podemos fazer o bem. O dinheiro é um bom servo, mas um péssimo patrão. O problema não é ter dinheiro, mas o dinheiro nos ter. O problema não é carregar dinheiro no bolso, mas entesourá-lo no coração. O dinheiro deve ser granjeado com honestidade, investido com sabedoria e distribuído com generosidade. Deus nos dá mais do que necessitamos, não para o retermos em nossas mãos, mas para socorrermos os necessitados. Não somos donos do dinheiro. Nada trouxemos ao mundo nem nada dele levaremos. Somos apenas mordomos. Devemos ser fiéis nessa administração. Se formos fiéis no pouco, Deus nos confiará os verdadeiros tesouros. Nosso coração deve estar em Deus e não no dinheiro. Nossa confiança deve estar no provedor e não na provisão. Nosso deleite deve estar nas coisas lá do alto e não nas coisas que o dinheiro nos proporciona.

A prosperidade que vem de Deus é bênção; a que vem dos mecanismos da corrupção é maldição. Há indivíduos pobres que são prósperos e há homens ricos que são miseráveis. A verdadeira prosperidade não é tanto o quanto se ajunta com a ganância; mas, o quanto se distribui, apesar do pouco. A Bíblia diz que a piedade com contentamento é grande fonte de lucro.

Leia este livro com o coração aberto. Aqui há princípios de como devemos lidar com o dinheiro, entendendo que tudo que somos e temos vem de Deus, é de Deus e deve ser consagrado de volta a ele.

Introdução

As livrarias e bibliotecas estão repletas de livros que nos ensinam como ganhar dinheiro, ficarmos ricos e prosperarmos em nossos negócios e investimentos. Alguns desses livros, escritos por bilionários ou economistas bem-sucedidos, têm importantes princípios que podem nos ajudar a estabelecer melhores alvos financeiros e a ser mais eficazes na busca da prosperidade financeira. No entanto, a esmagadora maioria desses livros não olha para o dinheiro em uma perspectiva espiritual, nem o considera como uma semente que pode ser multiplicada por intermédio da contribuição generosa nem trata da questão do contentamento.

O que é um indivíduo rico? Como avaliar a verdadeira riqueza? Será que uma pessoa rica é apenas aquela que tem muito dinheiro? John Rockfeller, o primeiro bilionário do mundo, disse certa vez: "O homem mais pobre que conheço é aquele que só possui dinheiro". O sábio Salomão, que granjeou fabulosa fortuna, disse: "Uns se dizem ricos sem terem nada; outros se dizem pobres, sendo mui ricos" (Provérbios 13:7). Salomão, mesmo depois de granjear grandes fortunas, disse que elas não passavam de vaidade (Eclesiastes 2:4-11). Paulo, o bandeirante do cristianismo, falou da possibilidade de ser pobre "[...] mas enriquecendo a muitos; nada tendo, mas possuindo tudo" (2Coríntios 6:10). Certamente há ricos pobres e pobres ricos. Existem muitos homens vivendo miseravelmente cercados de ouro e outros vivendo de forma muito feliz, mesmo desprovidos de bens materiais. Jesus disse que a vida de um homem não consiste na abundância de bens que ele possui. A felicidade não está no *ter*, mas no *ser*.

O dinheiro é mais que uma moeda, é um ídolo, é Mamom. O dinheiro é o maior senhor de escravos do mundo. Milhões de pessoas se prostram em seu altar todos os dias e dedicam tempo, talentos, vida e, devoção a esse deus. Muitas pessoas pisam arrogantemente no próximo e sacrificam até a família para satisfazerem os caprichos insaciáveis dessa divindade. Há indivíduos "[...] que só se preocupam com as coisas terrenas" (Filipenses 3:19). Fazem do dinheiro a razão da sua vida.

Nós vivemos num mundo materialista e consumista. As pessoas valem quanto têm. Presenciamos uma brutal inversão de valores. As coisas externas estão se tornando mais importantes que os valores internos. Neste mundo, embriagado pela avareza, a riqueza material vale mais que a honra. O dinheiro passou a ser mais importante que o caráter. O brilho do ouro tem entenebrecido a mente de muitas pessoas e corrompido suas almas. O dinheiro é a mola que gira o mundo.

Vivemos a realidade de uma economia globalizada. Somos apenas uma aldeia mundial. Não existem ilhas isoladas nesse universo financeiro. Nessa economia globalizada, duas classes crescem vertiginosamente: os ricos no topo da pirâmide e os pobres na base da pirâmide. Estamos vendo o estrangulamento da classe média. A crise sempre interessa aos ricos, que aproveitam o desespero dos pobres para se abastecerem e se locupletarem. O que acontece na economia do outro lado do mar influencia imediatamente o nosso bolso aqui.

Tom Sine diz que, atualmente, das 100 maiores economias do mundo, 51 são empresas. Isso é um claro sinal de que os ricos estão ficando cada vez mais opulentos e os pobres cada vez mais desesperançados. Há empresas mais ricas que alguns países. A empresa General Motors é mais rica que a Dinamarca, a Ford é mais rica que a África do Sul e a Toyota é mais rica que a Noruega. Só o Wall-Mart é maior que 161 países.[1] Segundo o jornal *New York Times* 358 bilionários, atualmente, "controlam ativos maiores que as rendas combinadas entre países que acomodam 45% da população do mundo".[2] Quando John Rockfeller se tornou o primeiro bilionário do mundo, isso foi uma façanha alardeada no mundo inteiro. Hoje, só o Brasil produz três bilionários por mês.

Nessa onda impetuosa de lucro, as empresas querem mais do seu tempo e do seu dinheiro.[3] Porém, se nessa viagem ensandecida em busca do lucro o seu casamento naufragar ou sua família arrebentar nos rochedos submersos da ganância, não importa, desde que você seja um adorador fiel de Mamom. Talvez seja essa uma das razões pela qual muitas famílias ao mesmo tempo em que melhoram a condição financeira, afundam-se num atoleiro desesperador na área dos relacionamentos. Assim, temos paradoxalmente, uma sociedade mais rica materialmente e ao mesmo tempo mais infeliz emocional e espiritualmente.

O consumismo é como uma doença que invadiu nossas entranhas. O comércio esfomeado e guloso apela de forma eloquente aos nossos sentidos todos os dias. Na busca de uma felicidade

---

[1] SINE, Tom. *O lado oculto da globalização*. Editora Mundo Cristão. São Paulo, SP. 2001: p. 104.
[2] GROSSETE, Barbara. *U. N. Survey finds world rich-poor gap widening* in New York Times, 15 de julho de 1996, p. 13.
[3] SINE, Tom. *O lado oculto da globalização*. 2001: p. 119.

ilusória, muitos se rendem aos encantos dessa propaganda sedutora. A cada dia as pessoas compram o que não precisam, com o dinheiro que não possuem, para impressionar pessoas que não conhecem.

Na década de 1950, nós consumíamos cinco vezes menos do que hoje. Não éramos menos felizes por isso. Na década de 1970, mais de 70% das famílias dependiam de apenas uma renda para sustentar a família; hoje, mais de 70% das famílias dependem de duas rendas para manter o padrão. Ou seja, o luxo de ontem, tornou-se a necessidade imperativa de hoje. As propagandas apelativas tentam abrir um buraco de insatisfação dentro de nós, berrando aos nossos ouvidos que se não usarmos os seus produtos estaremos à margem da verdadeira felicidade.

Muitas pessoas seduzidas por essa tolice pensam que a felicidade constitui em usar roupas de grife ou calçar um tênis da marca tal. Correm apressadamente às compras, acreditando que se não usarem os produtos anunciados para preencher esse buraco, provocado pela insatisfação, não serão felizes. Nessa corrida frenética, as pessoas compram a prazo, pagam quantias exorbitantes, mais do que é justo; e numa economia de juros altos, enriquem ainda mais as instituições financeiras enquanto ficam mais pobres. Na verdade, os bens financiados nesse sistema avarento tornam você um escravo do sistema econômico.[4]

Este livro, que você tem em mãos, olha para o dinheiro não apenas como um perigo, mas, sobretudo, como uma bênção de Deus. É Deus quem adestra nossas mãos para adquirirmos riquezas. A bênção de Deus enriquece e com ela não vem o desgosto.

---

[4] LOPES, Hernandes Dias. *Neemias, o líder que restaurou uma nação*. Editora Hagnos. São Paulo, SP. 2006, p. 77.

Riquezas e glórias vêm de Deus. Contudo, o dinheiro não é um tesouro para ser usado de forma egoísta, apenas para o nosso deleite. Deus nos dá o dinheiro para o glorificarmos com ele, e fazemos isso, quando cuidamos da nossa família, dos domésticos da fé e de outras pessoas necessitadas, inclusive nossos inimigos.

A Bíblia é um verdadeiro manual sobre a questão do dinheiro. A ética cristã lida não apenas com a questão de como ganhar o dinheiro, mas também com a maneira certa de usufruí-lo, investi-lo e distribuí-lo. Andrew Murray diz que o Espírito Santo toma posse do dinheiro (Atos 2:44,45; 4:35), prescinde ao dinheiro (Atos 3:6), coloca o dinheiro à prova (Atos 5:1-11) e rechaça o dinheiro (Atos 8:18-22).[5]

A Bíblia fala mais sobre o dinheiro do que a respeito do céu. O dinheiro está profundamente conectado à vida espiritual. Por isso, convido você, leitor, a examinar comigo os capítulos a seguir.

Nossa abordagem não estará fundamentada nos teóricos da economia moderna, mas nos princípios da Palavra de Deus. Vamos falar sobre os mitos e verdades acerca do dinheiro, à luz da primeira carta de Paulo a Timóteo. Depois, abordaremos a questão do dinheiro sob a perspectiva da contribuição. O dinheiro deve ser o nosso servo e não o nosso patrão. No capítulo 3, focaremos a questão da contribuição como uma graça de Deus concedida a nós e não apenas como um favor que fazemos aos outros. No capítulo 4, trataremos do perigo de fazermos investimentos errados, deixando de lado as prioridades de Deus. Finalmente, falaremos sobre o dinheiro, e, sobretudo, da prática dos dízimos e ofertas, como termômetro de nossa vida espiritual.

---

[5] MURRAY, Andrew. *O dinheiro*. Danprewan Editora. Rio de Janeiro, RJ. 1994, p. 23-35.

Minha expectativa é que você examine esses assuntos com a Bíblia aberta, com os olhos atentos e com a alma sedenta. A verdadeira prosperidade e a verdadeira riqueza são bênçãos que jorram de Deus para todos aqueles que vivem piedosamente. O apóstolo Paulo escreveu: "De fato, grande fonte de lucro é a piedade com o contentamento" (1Timóteo 6:6).

1

Mitos e verdades sobre o dinheiro

Quais são os seus desejos mais fortes? O que você mais aspira na vida? Em que você despende suas maiores energias? O que mais ocupa a sua mente? Dinheiro? Sucesso profissional? Prosperidade financeira? Onde está a fonte da sua felicidade? Salomão procurou encontrar a felicidade na bebida, nas riquezas, no prazer e na fama e viu que "[...] tudo era vaidade" (Eclesiastes 2:1-11).

Não é errado ter desejos. Fomos criados para o prazer e para a felicidade. Muitas pessoas pensam que o cristianismo é a religião da autonegação, da morte do desejo. Muitos pensam que ser crente é não fumar, não beber, não jogar, não ter relacionamento sexual antes do casamento. Embora tudo isso seja essencialmente errado e deva ser evitado por nós, há muitas pessoas que não praticam essas coisas e também não professam a fé cristã. Muitos indivíduos chegam a pensar que ser crente é viver uma vida sem qualquer prazer.

A Bíblia não se opõe ao desejo nem ao prazer. Ao contrário, ela diz que os nossos desejos são muito limitados, acanhados e fracos. A Bíblia repetidamente nos exorta a buscar a nossa plena felicidade. Deus nos criou para o maior dos prazeres: amá-lo, glorificá-lo e gozá-lo para sempre. É na presença de Deus que "[...] há plenitude de alegria [...] delícias perpetuamente" (Salmos 16:11).

O dinheiro tem sido apresentado como a principal fonte de felicidade. Por que as pessoas amam tanto o dinheiro? Há duas razões: Primeiro, elas pensam que se tiverem dinheiro poderão comprar muitas coisas e exercer influência sobre outras pessoas. Mas será que a posse de bens materiais e a influência sobre outras pessoas nos garantirão felicidade? Segundo, elas pensam que se tiverem dinheiro, se sentirão seguras. Existem dois grandes mitos sobre o dinheiro: O dinheiro traz felicidade e o dinheiro oferece segurança.

O grande poeta brasileiro Olavo Bilac retratou num poema imortal a vida de Fernão Dias Paes Leme:

Foi em março ao findar das chuvas...
Sete anos! Combatendo índios, febres, paludes,
Feras, répteis – contendo só sertanejos rudes,
Dominando o furor da amotinada escolta...
Sete anos! E ei-los, enfim, com o seu tesouro!
Com que amor, contra o peito, a sacola de couro
Aperta, a transbordar de pedras preciosas!... Volta...

E o delírio começa. A mão, que a febre agita,
Ergue-se, treme no ar, sobe, descamba aflita,
Crispa os dedos, e sonda a terra e escava o chão,
Sangra as unhas, revolve as raízes, acerta,
Agarra a sacola, e apalpa-a e contra o peito a aperta,
Como para enterrá-la dentro do coração.

Ah! Mísero demente! O teu tesouro é falso!
Tu caminhaste em vão, por sete anos, no encalço
De uma nuvem falaz, de um sonho malfazejo!
Enganou-te a ambição! Mais pobre que um mendigo.
Agonizas, sem luz, sem amor, sem amigo
Sem ter quem te conceda a extrema-unção de um beijo.

O primeiro mito: O dinheiro traz felicidade

Muitas pessoas pensam: Ah! Se eu morasse 'naquele' bairro, em um apartamento duplex; se eu trabalhasse na empresa que gosto, e tivesse o carro dos sonhos, eu seria feliz! Pensam que a felicidade está nas coisas. Pensam que a felicidade está no *ter*. Assim, só se preocupam com o que é terreno e correm atrás de ilusões. Se essa teoria fosse verdadeira, os ricos seriam felizes e os pobres infelizes. No entanto, a experiência prova o contrário. A riqueza tem sido fonte de angústias. Os ricos vivem tensionados pelo desejo insaciável de ganhar sempre mais e com o pavor de perder o que acumularam. Muitas pessoas que ceifam a própria vida são abastadas financeiramente.

O que a Palavra de Deus tem a dizer?

O apóstolo Paulo diz que a piedade com o contentamento e não o dinheiro é grande "[...] fonte de lucro" (1Timóteo 6:5). O dinheiro não produz contentamento. A palavra grega *autarkeia* (autossuficiência), empregada aqui pelo apóstolo como "contentamento", é um termo técnico na filosofia grega que se usa para denotar a independência do sábio das suas circunstâncias. Esse termo é claramente ilustrado pelo próprio apóstolo Paulo, quando disse: "[...] porque aprendi a viver contente em toda e qualquer situação" (Filipenses 4:11).[6] O contentamento significa uma suficiência interior que nos mantém em paz apesar das circunstâncias exteriores.[7]

William Barclay diz que o contentamento nunca provém da posse de objetos externos, mas de uma atitude interna para com a vida.[8] O verdadeiro contentamento vem da piedade no coração e não do dinheiro na mão.[9] J. Glenn Gould diz acertadamente que o contentamento não ocorre quando todos os nossos desejos e caprichos são satisfeitos, mas quando restringimos nossos desejos às coisas essenciais.[10]

Concordo com Carl Spain quando diz que para Paulo, diferente dos filósofos gregos, a suficiência estava em Deus, e não no ego.[11] Nessa mesma linha de pensamento, J. Glenn Gould diz que *autarquia* não significa o autoprovedor independente, definido na filosofia clássica, mas a autossuficiência que torna o homem rico para doar, que o capacita para cuidar das pessoas carentes (1Timóteo 6:17,18).[12]

Os falsos mestres que usavam a profissão religiosa como um meio de ganhar dinheiro e transformavam a religião apenas como

---

[6] KELLY, J. N. D. *I e II Timóteo e Tito*. Editora Vida Nova. São Paulo, SP. 1999: p. 129.
[7] WIERSBE, Warren W. *Comentário bíblico expositivo*. Vol. 6. Geográfica Editora. Santo André, SP. 2006: p. 305.
[8] BARCLAY, William. *I y II Timóteo, Tito y Filemon*. Editorial la Aurora. Buenos Aires. 1974: p. 139.
[9] WIERSBE, Warren W. *Comentário bíblico expositivo*. Vol. 6. 2006: p. 305.
[10] GOULD, J. Glenn. *As epístolas pastorais* in "Comentário bíblico Beacon". Vol. 9. CPAD. Rio de Janeiro, RJ. 2006: p. 496.
[11] SPAIN, Carl. *Epístolas de Paulo a Timóteo e Tito*. Editora Vida Cristã. São Paulo, SP. 1980: p. 107.
[12] GOULD, J. Glenn. *As epístolas pastorais* in "Comentário bíblico Beacon". Vol. 9. 2006: p. 273.

um negócio para o enriquecimento são combatidos firmemente pelo apóstolo Paulo. Ele não diz que a piedade é lucro, mas fonte do maior lucro. A piedade lhe traz riquezas espirituais. A piedade leva você ao maior ganho e à maior alegria (1Timóteo 6:6).

O apóstolo Paulo usa três argumentos para refutar esse mito de que o dinheiro traz felicidade:

Em primeiro lugar, *você está destinado à eternidade e o dinheiro é apenas temporal.* "Porque nada temos trazido para o mundo, nem cousa alguma podemos levar dele" (1Timóteo 6:7). Nós não nascemos apenas para esta vida. Somos destinados à eternidade. A morte não é o fim da linha. O dinheiro, porém, tem vida curta. Ele não dura para sempre. Está fadado a se extinguir. O dinheiro não pode cruzar conosco a fronteira do túmulo. Ele não irá conosco para a eternidade. "Nenhuma das coisas que as pessoas cobiçam tem qualquer permanência."[13] Quando uma pessoa morre, ela deixa tudo. O seu dinheiro não pode ser levado para o outro mundo. Não tem carro de mudança transportando valores num enterro, nem gavetas em caixões, nem bolsos em mortalhas. Você não trouxe nem vai levar nada deste mundo.

A nudez final da morte mostra e destaca a nudez inicial do nascimento. Entre esses dois pontos da história, podemos juntar muito ou pouco, mas na hora final teremos de deixar tudo.[14] Quando o primeiro bilionário do mundo, John Rockfeller, morreu, alguém perguntou ao seu contador: "Quanto o dr. John Rockeffeler deixou?" Ele respondeu: "Ele deixou tudo. Não levou um centavo". Quanto você viverá neste mundo? Quanto você

---

[13] KELLY, J. N. D. *I e II Timóteo e Tito.* 1999: p. 129.
[14] GOULD, J. Glenn. *As epístolas pastorais* in "Comentário bíblico Beacon". Vol. 9. 2006: p. 496.

viverá depois que partir deste mundo? Qual é a importância dos tesouros que você busca acumular aqui em relação à vida porvir?

Ray Stedman conta a história de um jovem que lhe disse que gostaria de ser igual ao seu avô. Stedman, então, perguntou-lhe a razão. Ele respondeu:

– É que meu avô morreu milionário.

– Você está enganado – respondeu Stedman. – Ele foi um milionário até fechar os olhos nesta vida. Ao morrer, perdeu todo seu dinheiro. Ele não levou sequer um centavo.

Em segundo lugar, *você não precisa de riqueza para ser feliz agora*. "Tendo sustento e com que nos vestir, estejamos contentes" (1Timóteo 6:8). Nossas necessidades básicas são facilmente supridas. João Calvino diz que quando menciona *alimento* e *abrigo*, Paulo exclui os luxos e o excesso de abundância. Tudo o que passa disso é supérfluo.[15] A felicidade não está no *ter*, mas no *ser*. Muitos milionários, depois de cobrir sua alma com pó dourado, morrem de melancolia. Isso, porque a felicidade sempre provém do nosso relacionamento com Deus, com o próximo e com nós mesmos, e jamais da posse de bens materiais.

A Bíblia diz: "Seja a vossa vida sem avareza. Contentai-vos com as coisas que tendes; porque ele tem dito: De maneira alguma, te deixarei; nunca, jamais te abandonarei" (Hebreus 13:5). O apóstolo Paulo dá seu testemunho: "Digo isto, não por causa da pobreza, porque aprendi a viver contente em toda e qualquer situação [...] tudo posso naquele que me fortalece" (Filipenses 4:11-13). Warren Wiersbe, citando Henry David Thoreau, diz:

---

[15] CALVINO, João. *Comentarios a las epístolas pastorales de San Pablo*. TELL. Grand Rapids, MI. 1968: p. 186.

"A riqueza de um homem é diretamente proporcional ao número de coisas sem as quais ele é capaz de viver".[16]

A felicidade não está em acumular dinheiro; mas em deleitar-se em Deus. Ele é a fonte da felicidade e não o dinheiro. Quando você busca o dinheiro, há um vazio na alma; mas, quando se busca a Deus, na sua presença há plenitude de alegria e na sua destra, delícias perpetuamente (Salmos 16:11).

Em terceiro lugar, *o desejo por riqueza pode destruir você*. "Ora, os que querem ficar ricos caem em tentação, e cilada, e em muitas concupiscências insensatas e perniciosas, as quais afogam os homens na ruína e perdição. Porque o amor ao dinheiro é raiz de todos os males; e alguns, nessa cobiça, se desviaram da fé e a si mesmos se atormentaram com muitas dores" (1Timóteo 6:9,10). A palavra grega *philarguria*, "amor ao dinheiro" só aparece aqui em todo o Novo Testamento.[17] Essa palavra significa literalmente "amor à prata, ou avareza".

A riqueza não é intrinsecamente má. O dinheiro não é mau. A riqueza honesta é dádiva de Deus. A bênção do Senhor enriquece. O cristianismo não promove a pobreza e sim a prosperidade. Aonde o evangelho chega, as pessoas são libertas da indolência e da desonestidade e os grilhões da miséria são quebrados. Aqueles que viviam dominados pela preguiça começam a trabalhar com afinco. Aqueles que viviam desonestamente, agora trabalham com integridade. Aqueles que roubavam, agora trabalham para suprir suas necessidades e ainda ajudar os necessitados. Aqueles que gastavam com vícios deletérios, jogos de azar e devassidão, agora só empregam o dinheiro naquilo que é pão, ou seja, naquilo

---

[16] WIERSBE, Warren W. *Comentário bíblico expositivo*. Vol. 6. 2006: p. 306.
[17] SPAIN, Carl. *Epístolas de Paulo a Timóteo e Tito*. 1980: p. 109.

que satisfaz. Assim, o cristianismo promove a riqueza e não a pobreza; o desenvolvimento e não a miséria.

Charles Erdman está correto quando diz que Paulo não está fazendo uma apologia à pobreza, mas combatendo a avareza.[18] A busca desenfreada da riqueza produz efeitos desastrosos sobre a alma. Quais são os perigos produzidos pelo amor ao dinheiro?

O amor ao dinheiro conduz você à tentação. O desejo pela riqueza conduz as pessoas à tentação. Que tentação? Vejamos isso à luz dos dois maiores mandamentos da Lei de Deus, segundo Jesus:

> Respondeu-lhe Jesus: Amarás o Senhor, teu Deus, de todo o teu coração, de toda a tua alma e de todo o teu entendimento. Este é o grande e primeiro mandamento. O segundo, semelhante a este, é: Amarás o teu próximo como a ti mesmo. Destes dois mandamentos dependem a lei e os profetas (Mateus 22.37-40).

Quando você deseja ser rico, esse desejo o domina e o controla. O dinheiro torna-se seu senhor e seu deus. Então você passa a buscá-lo mais do que a Deus e a procurar a sua felicidade mais do que o bem do seu próximo. Dessa maneira, o amor ao dinheiro o leva a violar os dois principais mandamentos da lei de Deus.

O amor ao dinheiro coloca laços e ciladas no seu caminho. Constitui-se numa armadilha para a sua vida. As riquezas são uma armadilha, pois conduzem à escravidão e não à liberdade. Em vez de saciar, as riquezas produzem outras concupiscências e desejos para serem satisfeitos.[19]

---

[18] ERDMAN, Charles R. *Las epistolas pastorales a Timoteo y a Tito*. TELL. Grand Rapids, MI. 1976: p. 79,80.
[19] WIERSBE, Warren W. *Comentário bíblico expositivo*. Vol. 6. 2006: p. 306.

Que armadilha é essa? A Bíblia responde: "Quem ama o dinheiro jamais dele se farta; e quem ama a abundância nunca se farta da renda" (Eclesiastes 5:10). Qual é a natureza dessa cilada? Quando você deseja pegar um animal, o que você faz? Coloca uma armadilha. Você coloca algo atraente que ele gosta para atraí-lo. Mas por trás daquela oferta atrativa e gostosa está a morte. O filme *O advogado do diabo* retrata esse fato de forma eloquente.

As propostas sedutoras de uma carreira profissional vitoriosa levaram um jovem advogado a deixar sua pequena cidade e rumar para Nova York. Encantado com o glamour da cidade grande, com as vultosas somas de dinheiro, com os prazeres e confortos de uma metrópole, ele começou a vender sua consciência, a transigir com os absolutos, e não tardou para ver a ruína de seu casamento, de sua vida, e de sua carreira. Alguém já disse que todas as maçãs do diabo são bonitas, mas elas têm bicho.

O amor ao dinheiro tem a capacidade de levar você a desejar sempre mais. Quanto mais você tem, mais quer ter. Você nunca se satisfaz. Esta é a cilada: insatisfação permanente. O dinheiro é um deus; é Mamom. Muitos trocam o Deus vivo por esse deus. Outros sacrificam a família e vendem a própria alma no altar desse deus.

O amor ao dinheiro o atormenta com muitas dores. Há determinados sofrimentos que só os ricos têm. Eles são inquietos, inseguros, medrosos. Vivem perturbados. O rico tem duas grandes perturbações: o desejo desenfreado de ganhar, ganhar e ganhar; e o medo de perder, perder e perder.

Muitos vivem atormentados por esse dilema. Além do mais, o dinheiro nunca serviu para promover a união familiar. As famílias mais desunidas são aquelas que mais dinheiro possuem. O dinheiro não tem liga. Ele divide e separa.

O apóstolo Paulo diz que o amor ao dinheiro é raiz e não a raiz de todos os males. Há outras raízes que trazem os males, como a "raiz de amargura" (Hebreus 12:15). O amor ao dinheiro fez o jovem rico se afastar de Cristo (Marcos 10:22). O amor ao dinheiro fez o rico pensar apenas em seus banquetes e desprezar "Lázaro, coberto de chagas, que jazia à porta..." (Lucas 16:19-21). O amor ao dinheiro fez Judas trair Jesus e se suicidar (Mateus 26:14-16). O amor ao dinheiro fez Ananias e Safira mentirem para o Espírito Santo (Atos 5:1-11). O amor ao dinheiro fez os ricos reterem com fraude o salário do trabalhador (Tiago 5:4).

O amor ao dinheiro é a causa de muitas fraudes, casamentos destruídos, divórcios, perjúrios, roubos, sequestros, assassinatos e guerras.

O amor ao dinheiro leva você não apenas à ruína temporal, mas, também à ruína eterna. Paulo diz que o desejo de ficar rico afoga "[...] os homens na ruína e perdição" (1Timóteo 6:9).

O verbo grego *buthizein*, "afogar" é vívido, e faz pensar no quadro de afogamento de alguém no mar, ao passo que os dois substantivos, *ruína* e *perdição*, se é que devem ser diferenciados entre si, podem significar o desastre material e espiritual respectivamente.[20] Paulo diz, ainda, que alguns nessa cobiça, se desviaram da fé (1Timóteo 6:10). O amor ao dinheiro leva à apostasia, esfria o coração, afasta a pessoa de Deus, anestesia a alma, calcifica o coração, entenebrece a mente e lança a alma ao abismo. Esta é a cilada do dinheiro: por trás de seu brilho, esconde-se o inferno!

Paulo mostra, agora, como podemos viver como cristãos, em vez de sermos amantes do dinheiro (1Timóteo 6:11-16):

---

[20] KELLY, J. N. D. *I e II Timóteo e Tito*. 1999: p. 130.

Em primeiro lugar, *fuja do amor ao dinheiro*. Um homem feliz é conhecido por aquilo de que ele foge. Há momentos em que fugir é um sinal de covardia. Neemias respondeu aos seus inimigos: "[...] homem como eu fugiria?" (Neemias 6:11). Mas em outras ocasiões, fugir é sinônimo de sabedoria e prudência. José do Egito fugiu da mulher de Potifar (Gênesis 39:12). Davi fugiu quando o rei Saul queria matá-lo (1Samuel 19:10).[21] Paulo escreve a Timóteo: "Tu, porém, ó homem de Deus, foge destas coisas" (1Timóteo 6:11).

Se você se encontra perguntando: *Ah!, se eu tivesse isto ou aquilo, se eu tivesse uma casa melhor, um carro mais novo eu seria mais feliz...* Fuja! Se você perceber que está olhando a prosperidade do ímpio e dizendo: *Ah!, se tivesse o que ele tem eu seria mais feliz...* Fuja! Quando você vê uma propaganda, e pensar: *Ah!, se eu pudesse comprar esse produto, eu seria mais feliz...* Fuja!

Sua felicidade não está nas coisas, mas em Deus. Alguém já disse que as pessoas mais felizes são aquelas que voltam para casa com cheiro de graxa. A Bíblia diz que: "Melhor é um bocado seco e tranquilidade que a casa farta de carnes e contendas" (Provérbios 17:1).

Em segundo lugar, *segue o caminho da virtude*. Um homem feliz é conhecido por aquilo que ele segue. Não basta apenas separar-se do que é errado, é preciso seguir o que é certo. Há seis virtudes que precisamos buscar mais que o ouro e a prata: "[...] a justiça, a piedade, a fé, o amor, a constância, a mansidão" (1Timóteo 6:11). Um homem pode ser feliz sem dinheiro, mas jamais será feliz sem essas virtudes.

---

[21] WIERSBE, Warren W. *Comentário bíblico expositivo*. Vol. 6. 2006: p. 306,307.

Em terceiro lugar, *combate o bom combate da fé*. Um homem feliz é conhecido por aquilo pelo qual ele luta (1Timóteo 6:12). "Combater" aqui é um termo usado no atletismo. A palavra é a mesma para *agonizar*. Coloque toda a sua energia em andar com Deus e fazer a sua obra. Você pode vencer a tentação (1Coríntios 10:13). Pode andar em santidade. Pode desfrutar de uma alegria indizível e cheia de glória. Coloque a sua força numa causa de consequências eternas.

Em quarto lugar, *toma posse da vida eterna*. Um homem feliz é conhecido por aquilo de que se apropria como o maior tesouro da sua vida (1Timóteo 6:12). Você já tem a vida eterna? Toma posse dela! Usufrua este presente de Deus. Tudo ao seu redor é passageiro, um dia vai acabar. Mas se você já tem a vida eterna, então tem um tesouro imarcescível e viverá eternamente para usufruí-lo. Se já tomou posse da vida eterna, então tem riqueza e herança que nem ferrugem, nem traça, nem ladrão pode roubar. Viva à luz da eternidade! Tome posse de sua verdadeira felicidade!

O segundo mito: O dinheiro pode dar segurança

Se você pode dizer *sim*, você é rico comparando-se com a maioria das pessoas do mundo:

1) Você tem casa com dois ou mais quartos?
2) Você tem carro?
3) Você tem banheiro privativo?
4) Você tem água encanada?
5) Você tem chuveiro quente?
6) Você tem dinheiro para comprar alimento?

Então, você é rico! Jesus disse, ao considerar a vida do jovem rico: "Em verdade vos digo que um rico dificilmente entrará no reino dos céus" (Mateus 19:23).

Como podemos ser ricos e felizes?

Em primeiro lugar, *vivendo na luz de quem Deus é*. O apóstolo Paulo, inspirado pelo Espírito Santo, escreve dois mandamentos negativos:

O primeiro mandamento é: "[...] não sejam orgulhosos" (1Timóteo 6:17). Se o dinheiro torna uma pessoa orgulhosa, ela não entendeu nem a si mesma nem o dinheiro. Não pensem alto de vocês mesmos. Porém, por que os ricos são tentados a serem orgulhosos? Por duas razões:

Eles são tentados a pensar que merecem o que têm — são levados a pensar que os que não têm não são tão inteligentes quanto eles. Mas a Bíblia diz que é Deus quem nos dá força para adquirirmos riquezas (1Crônicas 29:10).

A riqueza não é nossa. Ela vem de Deus, é de Deus e vai voltar para Deus. Não somos donos, somos apenas mordomos. Nada trouxemos para este mundo nem dele nada levaremos. Deus nunca nos deu direito de posse definitiva daquilo que lhe pertence.

Eles são tentados a pensar que a riqueza concede poder — a riqueza dá uma ilusão de poder. Somente Jesus, porém, tem poder permanente e só ele é soberano (1Timóteo 6:16). Nabucodonosor pensou que seu dinheiro lhe dava poder, mas Deus o tirou do trono e o fez comer capim com os animais (Daniel 4:1-37).

O segundo mandamento é: Não "[...] depositem a sua esperança na instabilidade da riqueza" (1Timóteo 6:17). O dinheiro não traz nem felicidade nem segurança. Paulo ridiculariza essa ideia de que o dinheiro pode oferecer segurança. Ele diz que a riqueza é instável. Veja o que diz a Palavra de Deus: "Porventura, fitarás os olhos naquilo que não é nada? Pois, certamente, a riqueza fará para si asas, como a águia que voa pelos céus" (Provérbios 23:5). Jesus falou do rico insensato que disse para a sua alma: "[...] tens em depósito muitos bens para muitos anos [...] louco, esta noite te pedirão a tua alma; e o que tens preparado, para quem será?" (Lucas 12:13-21).

Muitos homens depositam sua confiança e vida nas riquezas e bens materiais. As suas conversas são sobre iates, férias no Caribe, propriedades etc. Mas, a história nos mostra que muitos deles morreram na pobreza, como fugitivos da justiça ou suicidaram-se. Isto é irônico, não? Jesus disse: "A vida de um homem não consiste na abundância de bens que ele possui". Em vez de colocar sua confiança na instabilidade da riqueza, Paulo diz que você deve colocá-la "[...] em Deus" (1Timóteo 6:17).

Em segundo lugar, *tornando-se um imitador de Deus* (1Timóteo 6:18). Paulo dá quatro conselhos sobre como lidar com o dinheiro sem perder a alegria de viver:

Pratique o bem. Não deixe o dinheiro dominá-lo, domine-o. Não deixe o dinheiro ser seu patrão, faça dele um servo. Não acumule só para si mesmo, faça-o um instrumento de ajuda para os outros. O problema não é possuir dinheiro, mas ser possuído por ele. O problema não é ter dinheiro, mas o dinheiro nos ter. O problema não é carregar dinheiro no bolso, mas carregá-lo no coração.

Seja rico de boas obras. Os reformadores falavam do mistério do pobre e do ministério do rico. Abra seus celeiros. Seja como Barnabé, coloque seus bens a serviço dos outros (Atos 4:36,37). Qual foi a última vez que você fez algo que trouxe glória ao nome de Deus e alegria para as pessoas? Qual foi a última vez que fez uma oferta generosa para ajudar uma pessoa necessitada? Qual foi a última vez que enviou uma oferta para um missionário? Qual foi a última vez que entregou uma oferta de gratidão a Deus? Qual foi a última vez que repartiu um pouco do muito que Deus lhe tem dado?

O apóstolo Paulo dá o belo exemplo da pobre igreja da Macedônia que se doou e ofertou generosamente aos pobres da Judeia, pessoas que a Igreja não conhecia pessoalmente (2Coríntios 8:1-4).

Seja generoso em dar. Deus lhe deu mais do que você precisa, não para você guardar, mas para compartilhar generosamente. Deus quer que você abra o seu coração, suas mãos e o seu bolso para doar: "Mais bem-aventurado é dar que receber" (Atos 20:35). Deus multiplicará sua sementeira. A semente que multiplica não é a que você come, mas a que você semeia.

Deus amou e deu seu Filho Unigênito. O que você tem dado? Quanto tem dado? Como tem dado? Com que frequência tem dado? O apóstolo Paulo escreve: "[...] pobres, mas enriquecendo a muitos; nada tendo, mas possuindo tudo" (2Coríntios 6:10). É sabido que os pobres são mais generosos que os ricos. A questão da generosidade não passa pela quantidade de dinheiro que você tem no bolso, mas da quantidade de amor que você tem no coração.

Esteja pronto para repartir. A Bíblia diz que a alma generosa prosperará, mas o que retém mais do que é justo, isso será pura perda (Provérbios 11:25). "A quem dá liberalmente, ainda se lhe acrescenta mais e mais" (Provérbios 11:24). "Quem se compadece do pobre ao Senhor empresta, e este lhe paga o seu benefício" (Provérbios 19:17). "[...] dai, e dar-se-vos-á; boa medida, recalcada, sacudida, transbordante" (Lucas 6:38). Quando damos nos tornamos imitadores de Deus!

Em terceiro lugar, *entesoure riquezas para a vida eterna* (1 Timóteo 6:19). O que você dá e distribui, isso é o que você tem. O que você retém, isso você perde. O que você semeia é o que colhe. Você semeia coisas materiais e colhe dividendos espirituais. Você semeia coisas temporais e colhe bênçãos eternas.

O homem rico, da parábola de Jesus, não cuidou de Lázaro que estava com fome e jazia à porta. No inferno ele se lembrou de Lázaro, mas já era tarde (Lucas 16:19-31). Jesus disse que a vida de um homem não consiste na abundância de bens que ele possui. Jesus disse também: "O que adianta ao homem ganhar o mundo inteiro e perder a sua alma?" E ainda ensinou: "Não podeis servir a Deus e às riquezas". A maneira que lidamos com o dinheiro reflete quem somos internamente. Nós pertencemos a Deus? Nós confiamos em Deus? O nosso tesouro está em Deus ou no dinheiro? Você tem sentido alegria ao doar? Tem aumentado suas ofertas? Tem pedido a Deus para multiplicar sua sementeira para poder ajudar ainda mais pessoas?

2

Dinheiro, o privilégio de dar é maior que o de receber

O dinheiro é um bom servo, mas um péssimo patrão. Quando o dinheiro está sob nosso controle, ele é uma bênção; quando nos controla, é uma maldição. Muitas pessoas, dominadas pela ganância, casam-se, divorciam-se, matam e morrem por causa do dinheiro. O problema não é ter dinheiro, mas o dinheiro nos ter. Não é possuí-lo, mas ser possuído por ele.

Neste capítulo vamos tratar sobre a contribuição cristã, a decisão de fazer do dinheiro um instrumento de bênção para os outros, em vez de fazer dele um instrumento para explorar os outros.

Antes de tratar do tema contribuição cristã, precisamos entender o contexto. No governo do imperador romano Cláudio, houve um período de grande fome em todo o mundo, fato esse profetizado por Ágabo (Atos 11:27,28). Nesse mesmo tempo os judeus que moravam em Roma foram expulsos (Atos 18:2) e uma pobreza assoladora atingiu os cristãos da Judeia. Os discípulos de Cristo em Antioquia, conforme as suas posses, enviaram socorro aos irmãos que moravam na Judeia por intermédio de Barnabé e Saulo (Atos 11:29,30). O apóstolo Paulo, ao ser enviado aos gentios, assumiu o compromisso de não se esquecer dos pobres, o que efetivamente esforçou-se por cumprir (Gálatas 2:9,10).

Durante suas viagens missionárias nas províncias da Macedônia, Acaia e Ásia Menor, o apóstolo esforçou-se para levantar uma oferta especial destinada aos pobres da Judeia (1Coríntios 16:11-14; 2Coríntios 8:1-24; 2Coríntios 9:1-15). Deu testemunho à igreja de Roma acerca dessa oferta levantada pelos irmãos da Macedônia e Acaia destinada aos pobres dentre os santos que viviam em Jerusalém (Romanos 15:25-27). Não só levantou essa oferta entre as igrejas gentílicas, como a entregou com fidelidade (Atos 24:16-18). O volume dessa oferta deve ter sido grande, uma vez que o próprio rei Félix esperava receber algum dinheiro de Paulo (Atos 24:25,26).

A contribuição cristã é uma prática bíblica, legítima e contemporânea. Andrew Murray diz que o homem é julgado pelo seu dinheiro tanto no reino deste mundo quanto no reino dos céus. O mundo pergunta: Quanto este indivíduo possui? Cristo pergunta: Como este homem usa o que tem? O mundo pensa, sobretudo, em ganhar dinheiro; Cristo fala da forma de dá-lo. E quando um homem doa, o mundo ainda pergunta: Quanto doou? Cristo pergunta: Como doou? O mundo leva em conta o dinheiro e sua quantidade; Cristo leva em conta o homem e os seus motivos. Nós perguntamos quanto um indivíduo doa. Cristo pergunta quanto lhe resta. Nós olhamos a oferta. Cristo pergunta se a oferta foi um sacrifício.[22]

---

[22] MURRAY, Andrew. *O dinheiro*. Danprewan Editora. Rio de Janeiro, RJ. 1994: p. 12,13.

Com respeito à contribuição cristã, há dois extremos que devem ser evitados:

Em primeiro lugar, *ocultar o tema*. Há igrejas que jamais falam sobre dinheiro com medo de escandalizar as pessoas. Há aqueles que ainda hoje pensam que dinheiro é um tema indigno de ser tratado na igreja. O apóstolo Paulo não pensava assim. Ele, na verdade, assumiu o compromisso em seu apostolado de jamais esquecer-se dos pobres (Gálatas 2:10). Agora, está cumprindo sua promessa, fazendo um grande levantamento de ofertas para os pobres da Judeia.

Em segundo lugar, *desvirtuar o tema*. Há ainda o grande perigo de pedir dinheiro com motivações erradas e para finalidades duvidosas. Há muitos pregadores inescrupulosos que usam de artifícios mentirosos para arrancar dinheiro dos incautos a fim de abastecer-se. Há igrejas que usam métodos heterodoxos e escusos para fazer o levantamento de gordas ofertas destinadas não à assistência dos necessitados, mas ao enriquecimento de obreiros fraudulentos.

No texto em tela, Paulo aborda vários princípios que devem reger a contribuição cristã. Vamos examiná-los.

A contribuição cristã é uma graça de Deus concedida à igreja

"Também, irmãos, vos fazemos conhecer a graça de Deus concedida às igrejas da Macedônia" (2Coríntios 8:1). Paulo ensinou a igreja que contribuir é um ato de graça. Ele usou nove palavras diferentes para referir-se à oferta, mas a que emprega com mais frequência é graça.[23]

---

[23] WIERSBE, Warren W. *Comentário bíblico expositivo*. Vol. 5. 2006: p. 857.

Paulo dá testemunho à igreja de Corinto sobre a graça da contribuição que Deus concedeu às igrejas da Macedônia (Filipos, Tessalônica e Bereia). O propósito do apóstolo é estimular a igreja de Corinto que vivia numa região rica a crescer também nessa graça, uma vez que a generosidade dos macedônios, que viviam numa região pobre, era uma expressão da graça de Deus em suas vidas.[24]

O apóstolo Paulo usa seis vezes a palavra *graça* em relação ao ato de contribuir (2Coríntios 8:1,4,6,9,19; 9:14). A graça é um favor divino contrário ao merecimento humano. A graça em Deus é sua compaixão pelos que são indignos. Sua graça é maravilhosamente gratuita. Sempre é concedida sem levar em conta o mérito. Deus dedica sua vida a dar, e tem deleite em dar.[25]

A contribuição, portanto, não é um favor que fazemos aos necessitados, mas um favor imerecido que Deus faz a nós. A graça é a força, o poder, a energia da vida cristã, como ela age em nós por intermédio do Espírito Santo. A graça ama e se regozija em dar e oferecer. Se temos a graça de Deus em nós, ela se mostrará no que oferecemos aos outros. E em tudo o que dermos, devemos fazê-lo estando conscientes que é a graça de Deus que opera em nós.[26]

Ralph Martin diz que a graça da contribuição é a atividade inspirada pela graça de Deus que nos leva a dar.[27] Paulo sabia, também, que essa coleta levantada para os pobres da Judeia era uma dívida que os gentios tinham para com os judeus (Romanos 15:27) e um fruto de sua vida cristã (Romanos 15:28).[28]

---

[24] KRUSE, Colin. *II Coríntios: Introdução e comentário*. 1994: p. 160.
[25] MURRAY, Andrew. *O dinheiro*. 1994: p. 39.
[26] MURRAY, Andrew. *O dinheiro*. 1994: p. 40.
[27] MARTIN, Ralph P. *II Corinthians*. "Word Biblical Commentary", 40. Waco. 1986: p. 255.
[28] WIERSBE, Warren W. *Comentário bíblico expositivo*. Vol. 5. 2006: p. 857.

A igreja de Corinto havia assumido o compromisso de participar dessa oferta (1Coríntios 16:1-4), mas embora manifestasse progresso em outras áreas (2Coríntios 8:7) era lerda na prática dessa graça. Podemos ser zelosos em outras áreas da vida cristã e ser negligentes na área da generosidade. Podemos ser zelosos da doutrina, mas termos um coração insensível para socorrer os necessitados. A igreja de Corinto estava aparelhada de várias graças, mas estacionara no exercício da graça da contribuição.

A contribuição cristã é paradoxal em sua ação

Os crentes da Macedônia enfrentavam tribulação e pobreza. Eram perseguidos pelas pessoas e oprimidos pelas circunstâncias. Eram pressionados pela falta de quietude e pela falta de dinheiro. Essas duas situações adversas, entretanto, não os impediram de contribuir com generosidade e alegria (2Coríntios 8:2).

Frank Carver diz que sob perseguições e na pobreza, a graça produziu na Macedônia "duas das mais adoráveis flores do caráter cristão: a alegria e a generosidade".[29] Dois paradoxos são aqui ventilados por Paulo:

Em primeiro lugar, *tribulação* versus *alegria*. "Porque, no meio de muita prova de tribulação, manifestaram abundância de alegria" (2Coríntios 8:2). Os macedônios tinham muitas aflições. Eles foram implacavelmente perseguidos (Atos 16:20; Filipenses 1:28,29; 1Tessalonicenses 1:6; 2:14), mas isso não impediu que eles contribuíssem com generosidade. Longe de capitularem à tristeza, a murmuração, a amargura, por causa da tribulação, os crentes macedônios exultavam com abundante alegria. A reação deles foi transcendental.

---

[29] CARVER, Frank G. *A Segunda Epístola de Paulo aos Coríntios* in "Comentário bíblico Beacon". Vol. 8. 2006: p. 450.

Muitas vezes, quando passamos por tribulações, perdemos a alegria e nos encolhemos pensando apenas em nós mesmos. Os macedônios mostraram que a alegria do crente não é apenas presença de coisas boas nem apenas ausência de coisas ruins. Nossa alegria não vem de fora, mas de dentro. Sua fonte não está nas circunstâncias, mas em Cristo.

Colin Kruse diz corretamente que os cristãos macedônios conheciam a alegria de ser recipiendários da rica liberalidade de Deus e, nessa alegria, contribuíram generosamente.[30]

Em segundo lugar, *profunda pobreza* versus *grande riqueza*: "[...] e a profunda pobreza deles superabundou em grande riqueza da sua generosidade" (2Coríntios 8:2b). Os macedônios não ofertaram porque eram ricos, mas apesar de serem pobres. Eles eram pobres, mas enriqueciam a muitos; nada tinham, mas possuíam tudo (2Coríntios 6:10). Não deram do que lhes sobejava, mas apesar do que lhes faltava. A extrema pobreza deles os impulsionou a serem ricos de generosidade. Eram generosos embora fossem também necessitados.

Andrew Murray diz que é digno observar que há mais generosidade nos pobres que nos ricos. Isso, porque a ilusão da riqueza ainda não os empederniu; aprenderam a confiar em Deus com vistas no dia de amanhã.[31]

A expressão "profunda pobreza" significa "miséria absoluta" e descreve um mendigo que não tem coisa alguma, nem mesmo a esperança de receber algo. Embora a área da Macedônia, que incluía Filipos, Tessalônica e Bereia, fosse rica, os romanos haviam

---

[30] KRUSE, Colin. *II Coríntios: Introdução e comentário*. 1994: p. 161.
[31] MURRAY, Andrew. *O dinheiro*. 1994: p. 41.

tomado posse das minas de ouro e prata, e controlavam o país, deixando-o pobre e sem união política.[32]

Nessa mesma linha de pensamento, Simon Kistemaker diz que no século primeiro, da era cristã, a economia havia se deteriorado e a província foi levada a uma grande pobreza. Guerras, invasões de bárbaros, a colonização romana e a reestruturação da província contribuíram para uma posição financeira deprimente. Ao mesmo tempo em que as cidades da Macedônia estavam empobrecidas, Corinto florescia financeiramente por causa do volume de comércio de seus portos. Em suma, havia uma diferença clara entre a Macedônia e Corinto em termos econômicos. Paulo se refere a esse contraste.[33] O argumento de Paulo é que quando experimentamos a graça de Deus em nossa vida, não usamos as circunstâncias difíceis como desculpa para deixar de contribuir.[34]

A contribuição cristã é transcendente em sua oferta

Para encorajar os crentes de Corinto a crescerem na graça da contribuição, Paulo aborda dois exemplos de contribuição transcendente: a) O exemplo da doação humana, retratada na oferta sacrificial dos macedônios (2Coríntios 8:3-5) e b) o exemplo da doação de Cristo, fazendo-se pobre para nos fazer ricos (2Coríntios 8:9).[35] O exemplo da contribuição dos macedônios foi transcendente em três aspectos:

Em primeiro lugar, *na disposição voluntária de dar além do esperado*. "Porque eles, testemunho eu, na medida de suas posses e

---

[32] RIENECKER, Fritz e ROGERS, Cleon. *Chave linguística do Novo Testamento grego.* 1985: p. 354.
[33] KISTEMAKER, Simon. *2Coríntios.* 2004: p. 380.
[34] WARREN, W. *Comentário bíblico expositivo.* Vol. 5. 2006: p. 857,858.
[35] OLFORD, Stephen. *A graça de dar.* Editora Vida. Miami, FL. 1986: p. 42,43.

mesmo acima delas, se mostraram voluntários" (2Coríntios 8:3). Os macedônios não deram apenas proporcionalmente, mas doaram acima de suas posses. Fizeram uma oferta sacrificial. É digno de destaque que eles contribuíram sacrificialmente num contexto de tribulação e pobreza. A oferta deles foi de fé, pois deram além de sua capacidade.

João Calvino lamentava no seu tempo que os pagãos contribuíssem mais para seus deuses expressando suas superstições do que o povo cristão contribuía para Cristo expressando seu amor. Geralmente, os que mais contribuem não são os que mais têm, mas os que mais amam e os que mais confiam no Senhor. De um coração generoso sempre parte uma oferta sacrificial (1João 3:16-18).

Em segundo lugar, *na disposição de dar mesmo quando não é solicitado*. "Pedindo-nos, com muitos rogos, a graça de participarem da assistência aos santos" (2Coríntios 8:4). Paulo usa nesse versículo três palavras magníficas: *charis* (graça), *koinonia* (participarem) e *diakonia* (assistência). A contribuição financeira era entendida como sendo um ministério cristão.[36]

Os macedônios não contribuíram em resposta aos apelos humanos, mas como resultado da graça de Deus que lhes fora concedida. Não foi Paulo quem lhes rogou para contribuírem em favor dos pobres da Judeia; foram eles que rogaram a Paulo o privilégio de fazê-lo. Não foi iniciativa de Paulo pedir dinheiro aos macedônios para os pobres da Judeia, foi iniciativa dos macedônios oferecerem dinheiro a Paulo para assistirem os santos da Judeia. Os cristãos da Macedônia entenderam a verdade das palavras de Jesus: "Mais bem-aventurado é dar que receber" (Atos 20:35).

---

[36] KRUSE, Colin. *II Coríntios: Introdução e comentário*. 1994: p. 162.

Na vida cristã existem três motivações: 1) você precisa fazer – é a lei; 2) você deve fazer – é a responsabilidade moral; 3) você quer fazer – é a graça.

Maria, irmã de Marta, ofertou com alegria ao Senhor o que tinha de melhor. Ofertou com espontaneidade, com prodigalidade e com a mais santa e pura das motivações (João 12:1-3). O bom samaritano deu o melhor que tinha para alguém a quem nem mesmo conhecia. Warren Wiersbe está certo quando diz que a graça nos liberta não apenas do pecado, mas também de nós mesmos. A graça de Deus abre nosso coração e nossa mão.[37]

Em terceiro lugar, *na disposição de dar a própria vida e não apenas dinheiro*. "E não somente fizeram como nós esperávamos, mas também se deram a si mesmos primeiro ao Senhor, depois a nós, pela vontade de Deus" (2Coríntios 8:5). Os macedônios não deram apenas uma prova de sua generosidade e comunhão, deram a si próprios. A verdadeira generosidade só existe quando há a entrega do próprio eu.[38] Precisamos investir não apenas dinheiro, mas também vida. Precisamos dar não apenas nossos recursos, mas também nós mesmos.

Concordo com Jim Elliot, o mártir do cristianismo entre os índios do Equador: "Não é tolo aquele que dá o que não pode reter para ganhar o que não pode perder". Quando perguntaram ao missionário Charles Studd, que deixara as glórias do mundo esportivo na Inglaterra para ser missionário na China, se não estava fazendo um sacrifício grande demais, ele respondeu: "Se Jesus

---

[37] WIERSBE, Warren W. *Comentário bíblico expositivo*. Vol. 5. 2006: p. 858.
[38] RIENECKER, Fritz e ROGERS, Cleon. *Chave linguística do Novo Testamento grego*. 1985: p. 354.

Cristo é Deus e ele deu sua vida por mim, não há sacrifício tão grande que eu possa fazer por amor a ele".

Os macedônios se deram ao Senhor e ao apóstolo Paulo antes de ofertarem aos santos da Judeia. Quando o nosso coração se abre, o nosso bolso se abre também. Antes de trazermos nossas ofertas, precisamos oferecer a nossa vida.

A contribuição cristã é progressiva em sua prática

Destacamos alguns pontos importantes.

Em primeiro lugar, *um bom começo não é garantia de progresso na contribuição*: "O que nos levou a recomendar a Tito que, como começou, assim também complete esta graça entre vós" (2Coríntios 8:6). Não somos o que prometemos, somos o que fazemos. Há uma grande diferença entre prometer e cumprir.[39]

A igreja de Corinto manifestara um bom começo na área da contribuição, mas depois retrocedeu. Tito lhes é enviado para despertá-los para o crescimento também nessa graça. Não era suficiente apenas boa intenção. As vitórias do passado não são suficientes para nos conduzir em triunfo no presente.

Em segundo lugar, *progresso em outras áreas da vida cristã não é garantia de crescimento na generosidade*: "Como, porém, em tudo, manifestais superabundância, tanto na fé e na palavra como no saber, e em todo cuidado, e em nosso amor para convosco, assim também abundeis nesta graça" (2Coríntios 8:7).

A igreja de Corinto teve um expressivo progresso espiritual depois das exortações feitas pelo apóstolo Paulo na primeira carta. A igreja demonstrou progresso em quatro áreas: 1) Ela era ortodoxa – abundava em fé; 2) era evangelística – abundava em palavra;

---

[39] WIERSBE, Warren W. *Comentário bíblico expositivo*. Vol. 5. 2006: p. 859.

3) era estudiosa – abundava em ciência; 4) era bem organizada – abundava em cuidado. Mas havia uma deficiência na igreja. Ela não estava crescendo na graça da generosidade, a graça da contribuição. Ainda hoje encontramos crentes cheios de fé, hábeis na Palavra, cultos e diligentes. Mas na contribuição são nulos.

Em terceiro lugar, *não se assiste aos necessitados apenas com boas intenções*. No ano anterior, os crentes de Corinto tinham iniciado não só a prática da contribuição como também o desejo sincero de prosseguir nessa graça (2Coríntios 8:10). A prática tinha precedido o querer. Porém, agora, por lhes faltar o querer, a prática estava inativa. Paulo, então, os encoraja a não ficarem apenas nas boas intenções, mas avançarem para uma prática efetiva. Não se assiste aos santos com boas intenções.

O apóstolo ainda escreve: "Completai, agora, a obra começada, para que, assim como revelastes prontidão no querer, assim a levais a termo, segundo as vossas posses" (2Coríntios 8:11). Warren Wiersbe diz que a disposição não é um substituto para a ação.[40]

A contribuição cristã não é resultado da pressão dos homens, mas do exemplo de Cristo

Há igrejas que estão desengavetando as indulgências da Idade Média e vendendo as bênçãos de Deus, cobrando taxas abusivas por seus serviços. Há igrejas que levantam dinheiro apenas para enriquecerem, lançando mão de metodologias opressivas. A igreja não pode imitar o mundo. Este enriquece tirando dos outros; o cristão enriquece doando aos outros.[41] A contribuição cristã

---

[40] WIERSBE, Warren W. *Comentário bíblico expositivo*. Vol. 5. 2006: p. 859.
[41] CARVER, Frank G. *A Segunda Epístola de Paulo aos Coríntios* in "Comentário

não deve ser compulsória. Não devemos contribuir por pressão psicológica. Contribuição cristã não é uma espécie de barganha com Deus.

Paulo destaca duas motivações legítimas para a contribuição cristã:

Em primeiro lugar, *a contribuição deve ser motivada pelo amor ao próximo*. Ele diz que devemos contribuir não por constrangimento, mas espontaneamente; não com tristeza, mas com alegria, porque Deus ama a quem dá com alegria. E ainda diz: "Não vos falo na forma de mandamento..." (2Coríntios 8:8a).

A motivação da generosidade da contribuição é o amor. Paulo prossegue: "[...] mas, para provar, pela diligência de outros, a sinceridade do vosso amor" (2Coríntios 8:8b). Sem amor até mesmo nossas doações mais expressivas são pura hipocrisia. A natureza humana acaricia a hipocrisia, as motivações impróprias, a pretensão e a contribuição para ser vista pelos homens.

A palavra "sincero" vem de duas palavras latinas que significam "sem cera". Os artífices dos países do Oriente Médio fabricavam estatuetas de porcelana fina preciosas. Eram de natureza tão frágil que todo cuidado era pouco para não racharem quando fossem queimadas nos fornos. Negociantes desonestos aceitavam as estatuetas rachadas por um preço muito mais baixo e, então, enchiam as rachaduras com cera antes de colocá-las à venda. Mas os negociantes honestos exibiam a sua porcelana perfeita com os dizeres: *sine cera* ou "sem cera".

bíblico Beacon". Vol. 8. 2006: p. 456.

A mordomia cristã não é resultado da legislação eclesiástica, nem um esquema para arrancar o dinheiro dos homens. É a consequência natural de uma experiência com Deus, a reação natural do coração que foi tocado pelo Espírito Santo.

O apóstolo Paulo disse que podemos dar todos os nossos bens aos pobres, mas se isso não foi motivado pelo amor, não terá nenhum valor (1Coríntios 13:3).

Em segundo lugar, *a contribuição é resultado do exemplo de Cristo*. O apóstolo Paulo escreve: "Pois conheceis a graça de nosso Senhor Jesus Cristo, que, sendo rico, se fez pobre por amor de vós, para que, pela sua pobreza, vos tornásseis ricos" (2Coríntios 8:9).

Cristo foi o maior exemplo de generosidade. Graça por graça. Damos dinheiro? Cristo deu sua vida! Damos bens materiais? Ele nos deu a vida eterna. Sendo rico se fez pobre para nos fazer ricos. Esvaziou-se, deixando as glórias excelsas do céu para se fazer carne e habitar entre nós. Ele nasceu numa cidade pobre, numa família pobre e viveu como um homem pobre que não tinha onde reclinar a cabeça.

Jesus nasceu numa manjedoura, cresceu numa carpintaria e morreu numa cruz. Ele constitui para nós o exemplo máximo de generosidade. Se Cristo deu tudo por nós, inclusive a própria vida, para nos fazer ricos da sua graça; devemos, igualmente, oferecer nossa vida e nossos bens numa expressão de terna generosidade.

A contribuição cristã é proporcional na sua expressão

A contribuição cristã deve estar de acordo com a prosperidade (1Coríntios 16:2) e segundo as posses (2Coríntios 8:11). Não dá liberalmente quem não oferta proporcionalmente. Não dá com alegria quem não dá proporcionalmente. A proporção é a prova da sinceridade. Uma condição decorre da outra. Deus é o juiz.

Jesus elogiou a pequena oferta da viúva pobre, dizendo que ela havia sido maior que a dos demais ofertantes. Os outros deram sobras; a oferta da viúva era sacrificial. Duas verdades devem ser destacadas aqui sobre a proporcionalidade da oferta.

Em primeiro lugar, *a contribuição proporcional deve ser vista como um privilégio e não como um peso*. "Porque não é para que os outros tenham alívio, e vós, sobrecarga; mas para que haja igualdade" (2Coríntios 8:13). Paulo propõe um privilégio e não um peso. Deve existir igualdade de bênçãos e igualdade de responsabilidades.

Não seria justo que só a Macedônia suportasse a despesa, como não seria conveniente que apenas ela desfrutasse da bênção de contribuir. Quando há proporcionalidade na oferta não há sobrecarga para ninguém. Quem muito recebe, muito pode dar. Quem pouco recebe, do pouco que tem ainda oferece uma oferta sacrificial. Devemos contribuir de acordo com a nossa renda para que Deus não torne a nossa renda de acordo com a nossa contribuição.

Em segundo lugar, *a contribuição proporcional promove igualdade e não desequilíbrio*. "Suprindo a vossa abundância, no presente, a falta daqueles, de modo que a abundância daqueles venha a suprir a vossa falta, e, assim, haja igualdade, como está escrito: "O que muito colheu não teve demais; e o que pouco, não teve falta" (2Coríntios 8:14,15). Os bens que Deus nos dá não são para ser acumulados, mas distribuídos.

Não devemos desperdiçar o que Deus nos concede nem acumular bens egoisticamente. Os que quiseram armazenar e guardar o maná, logo descobriram que isso não seria possível, pois o alimento se deterioraria e cheiraria mal (Êxodo 16:20). A lição é clara: devemos guardar o que precisamos e compartilhar o que podemos.[42] A semente que multiplica não é a que comemos, mas a que semeamos.

Hoje, suprimos a necessidade de alguém. Amanhã esse alguém poderá suprir a nossa necessidade. A vida dá muitas voltas. O provedor de hoje pode ser o necessitado de amanhã e o necessitado de hoje pode ser o provedor de amanhã. O bem que semeamos hoje colheremos amanhã. O próprio campo onde semeamos hoje se tornará a lavoura frutuosa que nos alimentará amanhã.

A contribuição cristã deve ser marcada por honestidade em sua administração

É preciso ter coração puro e mãos limpas para lidar com dinheiro. Há muitos obreiros que são desqualificados no ministério porque não lidam com transparência na área financeira. Judas Iscariotes, embora discípulo de Cristo, era ladrão. Sua maneira desonesta de lidar com o dinheiro o levou a vender Jesus por míseras trinta moedas de prata. Muitos pastores e líderes, ainda hoje, perdem o ministério porque não administram com transparência o dinheiro que arrecadam na igreja.

Paulo mostra a necessidade de administrar com honestidade os recursos arrecadados na igreja. Destacaremos cinco pontos importantes.

Em primeiro lugar, *a fidelidade de Paulo à sua promessa*. Paulo assumiu o compromisso de cuidar dos pobres (Gálatas 2:10) e agora, afirma que ministrava essa graça da contribuição às igrejas (2Coríntios 8:19). Promessa feita, promessa cumprida. O maior teólogo do cristianismo não separava evangelização da assistência aos necessitados.

---

[42] WIERSBE, Warren W. *Comentário bíblico expositivo*. Vol. 5. 2006: p. 860.

Em segundo lugar, *o propósito de Paulo em arrecadar ofertas*. "[...] para a glória do próprio Senhor e para mostrar a nossa boa vontade" (2Coríntios 8:19). O fim principal das ofertas levantadas entre as igrejas gentílicas era a glória de Cristo. Quando os santos são assistidos, o Senhor da igreja é glorificado. O propósito de Paulo não era reter o dinheiro arrecadado em suas mãos, mas demonstrar sua disposição em servir os santos.

Em terceiro lugar, *o cuidado preventivo de Paulo*. O apóstolo prossegue, dizendo: "Evitando, assim, que alguém nos acuse em face desta generosa dádiva administrada por nós" (2Coríntios 8:20).

Paulo sabia que tinha inimigos e críticos dispostos a acusá-lo de desonestidade na administração dessas ofertas.[43] Ele, então, toma medidas práticas para se prevenir. A palavra grega *stellomenoi* significa "tomar precauções". Essa palavra era usada como metáfora náutica com o significado de "recolher ou encurtar a vela", quando se ia aproximando da praia, a fim de evitar perigos na navegação.[44]

O apóstolo Paulo é diligente em despertar a igreja para contribuir, mas também é cuidadoso na forma de arrecadar as ofertas e administrá-las. Ele não lidava sozinho com dinheiro. Era acompanhado por Tito (2Coríntios 8:16,17) e por mais dois irmãos altamente conceituados nas igrejas (2Coríntios 8:18,22,23).

Em quarto lugar, *a honestidade de Paulo*. "Pois o que nos preocupa é procedermos honestamente, não só perante o Senhor, como também diante dos homens" (2Coríntios 8:21). Paulo é íntegro

---

[43] BARCLAY, William. *I y II Corintios*. 1973: p. 241.
[44] RIENECKER, Fritz e ROGERS, Cleon. *Chave linguística do Novo Testamento grego*. 1985: p. 356.

e também prudente. Ele cuida da sua piedade e também da sua reputação. Não apenas age com transparência diante de Deus, como também com lisura diante dos homens. Não deixava brecha para suspeitas nem dava motivos para acusações levianas.

Frank Carver diz que esse versículo indica que Paulo reconhecia a importância não somente de ser honesto, mas também de parecer honesto diante dos homens.[45] Desconsiderar a opinião pública é na verdade uma grande tolice.

Em quinto lugar, *os elogios de Paulo*. Paulo elogia seus companheiros de ministério, especialmente aqueles que militam com ele no levantamento e administração dessa oferta (2Coríntios 8:16-18,22-24) e também elogia a igreja (2Coríntios 8:24). Ele tinha o dom de ver o lado positivo das coisas e das pessoas. O apóstolo não somente pensava o bem acerca das pessoas, como tinha a coragem de dizer isso para elas. Além de aliviar tensões, construía pontes de amizade. Suas palavras eram aspergidas pelo óleo terapêutico do encorajamento.

---

[45] CARVER, Frank G. *A Segunda Epístola de Paulo aos Coríntios* in "Comentário bíblico Beacon". Vol. 8. 2006: p. 454.

3

Dinheiro, uma semente que se multiplica

A evangelização e a ação social caminham de mãos dadas. Paulo foi o maior desbravador do cristianismo no primeiro século, e, também, o grande bandeirante da assistência aos necessitados. Não somente foi enviado aos gentios para levar-lhes o evangelho, como se comprometeu a se lembrar dos pobres (Gálatas 2:10).

Por onde Paulo passou, desincumbiu-se fielmente dessa tarefa. Ele usou o exemplo das igrejas da Galácia (Derbe e Listra) para estimular os irmãos da Acaia, especialmente os de Corinto (1Coríntios 16:1). Utilizou o exemplo da disposição inicial da igreja de Corinto (2Coríntios 9:1-3) para estimular as igrejas da Macedônia (Filipos, Tessalônica e Bereia) e também a resposta alegre, surpreendente e sacrificial dos crentes macedônios para despertar os crentes de Corinto (2Coríntios 8:1-6). Finalmente, usou o exemplo da oferta levantada em benefício dos pobres da Judeia, pela Macedônia e Acaia para testemunhar aos crentes de Roma (Romanos 15:25,26).

William Barclay fala sobre quatro maneiras de contribuir: 1) Por obrigação; 2) para agradar a si mesmo; 3) para alimentar o orgulho; 4) pela compulsão do amor.[46]

O texto que vamos expor, 2Coríntios 9:1-15, mostra-nos cinco resultados da contribuição pela graça. Observe as considerações a seguir.

Quando você contribui, sua oferta estimula outras pessoas

A disposição inicial dos crentes de Corinto em participar da oferta aos santos da Judeia encorajou as igrejas da Macedônia a serem surpreendentemente generosas (2Coríntios 9:1-3). Porém, a igreja de Corinto, passado um ano da promessa feita, perdeu o entusiasmo e Paulo usa o exemplo das igrejas da Macedônia para despertá-la novamente (2Coríntios 8:1-6).

A Palavra de Deus nos ensina a estimularmos uns aos outros ao amor e às boas obras (Hebreus 10:24). Não se trata aqui de imitação carnal, mas de emulação espiritual.[47]

Nós estamos sempre influenciando alguém, seja para o bem, seja para o mal. Não somos neutros. Com grande tato pastoral, o apóstolo destaca quatro pontos importantes aqui acerca da oferta.

Em primeiro lugar, *nosso engajamento na obra de Deus estimula os outros*. O apóstolo Paulo relata: "Ora, quanto à assistência a favor dos santos, é desnecessário escrever-vos, porque bem reconheço a vossa presteza, da qual me glorio junto aos macedônios, dizendo que a Acaia está preparada desde o ano passado; e o vosso zelo tem estimulado a muitíssimos" (2Coríntios 9:1,2).

---

[46] BARCLAY, William. *I y II Corintios*. 1973: p. 242,243.
[47] WIERSBE, Warren W. *Comentário bíblico expositivo*. Vol. 5. 2006: p. 863.

Paulo se gloriou do exemplo dos coríntios junto aos macedônios e essa atitude inicial deles despertou muitíssimos irmãos a abraçarem a obra da assistência aos necessitados da Judeia. Um exemplo positivo vale mais do que mil palavras. Quando abraçamos a obra de Deus, outras pessoas são despertadas a fazer o mesmo.

Em segundo lugar, *disposição e ação precisam caminhar juntas.* A igreja de Corinto havia perdido o entusiasmo inicial de contribuir para os pobres da Judeia (2Coríntios 8:6,7) e Paulo não queria ficar envergonhado diante dos macedônios nem deixar os próprios crentes de Corinto em situação constrangedora. Por isso, enviou-lhes Tito (2Coríntios 8:6,7) e também mais dois irmãos (2Coríntios 9:3) para ajudá-los a abundar também na graça da contribuição. Veja o relato de Paulo:

> Contudo, enviei os irmãos, para que o nosso louvor a vosso respeito, neste particular, não se desminta, a fim de que, como venho dizendo, estivésseis preparados, para que, caso alguns macedônios forem comigo e vos encontrem desapercebidos, não fiquemos nós envergonhados (para não dizer, vós) quanto a esta confiança (9.3,4).

O ensino de Paulo é claro: Não basta disposição, é preciso ação. Não somos o que prometemos, mas o que fazemos. Não se constroem templos, não se sustenta missionários nem se assiste aos necessitados apenas com promessas e intenções, mas com ações concretas de contribuição. Não basta apenas ter a boa intenção de contribuir. O caixa do supermercado não quitará suas compras só por ouvi-lo dizer: "Pretendia trazer o pagamento, mas tive que gastar o dinheiro em coisa mais urgente".

Em terceiro lugar, *a contribuição precisa ser metódica*. Paulo escreve: "Portanto, julguei conveniente recomendar aos irmãos que me precedessem entre vós e preparassem de antemão a vossa dádiva já anunciada..." (2Coríntios 9:5a). Em 1Coríntios 16:1 Paulo já havia ensinado à igreja de Corinto que a oferta precisa ser periódica (no primeiro dia da semana), pessoal (cada um de vós), previdente (coloque à parte), proporcional (conforme a sua prosperidade) e fiel (e vá ajuntando para que não façam coletas quando eu for). Agora, Paulo reforça seu argumento, dizendo aos coríntios que eles precisavam se preparar de antemão para essa oferta (2Coríntios 9:5a). Se as necessidades são constantes, nossa contribuição não pode ser esporádica.

Em quarto lugar, *a contribuição precisa ser generosa*. Paulo conclui: "[...] para que esteja pronta como expressão de generosidade e não de avareza" (2Coríntios 9:5b). Deus é generoso em sua dádiva. Ele deu o melhor, deu tudo, deu a si mesmo, deu o próprio Filho. Jesus é generoso em sua dádiva. Ele deu a própria vida.

O apóstolo João escreve: "Nisto conhecemos o amor: que Cristo deu a sua vida por nós; e devemos dar nossa vida pelos irmãos" (1João 3:16). Porque somos filhos de Deus precisamos expressar o caráter e as ações do nosso Pai na manifestação de nossa generosidade. A palavra grega *pleonexia*, avareza, indica o desejo avaro de ter mais, à custa dos outros.[48] *Pleonexia* é o oposto de generosidade.[49]

Enquanto o avarento quer tudo que tem só para si e inclusive o que é do outro, o generoso reparte com alegria o que tem com os

---

[48] RIENECKER, Fritz e ROGERS, Cleon. *Chave linguística do Novo Testamento grego.* 1985: p. 356.
[49] CARVER, Frank G. *A Segunda Epístola de Paulo aos Coríntios* in "Comentário bíblico Beacon". Vol. 8. 2006: p. 455.

outros. Só existem três filosofias de vida com respeito ao dinheiro: 1) A avareza – os que vivem para explorar os outros. Essa filosofia pode sintetizar-se assim: "O que é meu, é meu; e o que é seu deve ser meu também". 2) A indiferença – os que vivem de forma insensível à necessidade dos outros. Essa filosofia pode resumir-se assim: "O que é seu é seu; o que é meu é meu". 3) A generosidade – os que vivem para fazer o bem aos outros. Essa filosofia pode definir-se assim: "O que é seu é seu; mas o que é meu pode ser seu também". Concordo com Frank Carver, quando disse que o mundo enriquece tirando dos outros; o cristão repartindo com os outros.[50]

William Barclay diz corretamente que nunca ninguém perdeu nada por ser generoso. Ao contrário, a pessoa generosa será rica em amor, rica em amigos, rica em ajuda e rica para com Deus.[51]

Quando você contribui, sua oferta abençoa você mesmo

Frank Carver diz que nossas ofertas têm um tríplice efeito: abençoam aos outros, a nós mesmos e glorificam a Deus.[52] O apóstolo Paulo diz que nossa contribuição não apenas estimula os outros, como também nos abençoa. Somos os principais beneficiados quando contribuímos. A contribuição é uma semeadura que fazemos em nosso campo. Esse é um investimento que fazemos em nós mesmos. Quanto mais distribuirmos, tanto mais teremos. Quanto mais semearmos, tanto mais colheremos. Quanto

---

[50] CARVER, Frank G. *A Segunda Epístola de Paulo aos Coríntios* in "Comentário bíblico Beacon". Vol. 8. 2006: p. 456.
[51] BARCLAY, William. *I y II Corintios*. 1973: p. 244,245.
[52] CARVER, Frank G. *A Segunda Epístola de Paulo aos Coríntios* in "Comentário bíblico Beacon". Vol. 8. 2006: p. 455.

mais abençoarmos, tanto mais seremos abençoados. A Bíblia diz: "O homem bondoso faz bem a si mesmo..." (Provérbios 11:17).

Concordo com Warren Wiersbe, quando disse que ofertar não é algo que fazemos, mas algo que somos. É um estilo de vida para o cristão que compreende a graça de Deus.[53]

O apóstolo Paulo nos oferece quatro importantes princípios acerca da contribuição:

Em primeiro lugar, *o princípio da proporção*. Diz o apóstolo: "E isto afirmo: aquele que semeia pouco, pouco também ceifará; e o que semeia com fartura com abundância também ceifará" (2Coríntios 9:6). Essa é uma figura tirada da agricultura, mas que se aplica também à vida moral e espiritual. Paulo diz que aquilo que o homem semear, isso também ceifará (Gálatas 6:7). A colheita é proporcional à semeadura.

Colin Kruse é mais específico quando diz que o tamanho da colheita é sempre diretamente proporcional ao tamanho da sementeira espalhada.[54] O dinheiro é uma semente. Devemos semeá-lo em vez de armazená-lo. A semente que se multiplica não é a que comemos, mas a que semeamos. Jamais devemos comer todas as sementes. Precisamos replantar continuamente as sementes de nossos rendimentos. Quando Deus nos dá uma colheita, voltamos a arar a terra outra vez; e, ainda, muitas outras vezes.

Jesus disse que se a semente não morrer, fica ela só, mas se morrer produzirá muitos frutos (João 12:24). Antes de podermos efetuar uma ceifa financeira, nosso dinheiro deve morrer. Devemos desistir dele. Devemos semeá-lo. A viúva pobre semeou duas

---

[53] WIERSBE, Warren W. *Comentário bíblico expositivo*. Vol. 5. 2006: p. 864.
[54] KRUSE, Colin. *II Coríntios: Introdução e comentário*. 1994: p. 175,176.

moedas (Marcos 12:41-44) e sua colheita é conhecida no mundo inteiro.

A Bíblia diz que quando você semeia dinheiro, você colhe dinheiro. "A quem dá liberalmente, ainda se lhe acrescenta mais e mais; ao que retém mais do que é justo, ser-lhe-á em pura perda. A alma generosa prosperará, e quem dá a beber será dessedentado" (Provérbios 11:24,25). Jesus ensinou: "[...] dai, e dar-se-vos-á; boa medida, recalcada, sacudida, transbordante, generosamente vos darão..." (Lucas 6:38). A Palavra de Deus diz que: "O generoso será abençoado" (Provérbios 22:9). "O que dá ao pobre não terá falta" (Provérbios 28:27), "Quem se compadece do pobre ao Senhor empresta, e este lhe paga seu benefício" (Provérbios 19:17).

Quando semeamos dinheiro, colhemos não apenas dinheiro, mas também, e, sobretudo, bênçãos espirituais. O apóstolo Paulo diz: "Certos de que cada um, se fizer alguma coisa boa, receberá isso outra vez do Senhor..." (Efésios 6:8). Observe ainda a voz do profeta Isaías:

> Se abrires a tua alma ao faminto e fartares a alma aflita, então, a tua luz nascerá nas trevas, e a tua escuridão será como o meio-dia. O Senhor te guiará continuamente, fartará a tua alma até em lugares áridos e fortificará os teus ossos; serás como um jardim regado e como um manancial cujas águas jamais faltam (Is 58.10,11).

Em segundo lugar, *o princípio da motivação*. Paulo escreve: "Cada um contribua segundo tiver proposto no coração, não com tristeza ou por necessidade; porque Deus ama a quem dá com alegria" (2Coríntios 9:7). É importante ressaltar que Paulo não está tratando nesse texto de dízimo, mas de oferta para a assistência aos crentes pobres da Judeia. Quanto ao dízimo, não podemos retê-lo, subtraí-lo nem administrá-lo; antes, devemos entregá-lo com fidelidade à Casa do Tesouro (Malaquias 3:8-10). Quanto, porém, à intencionalidade das ofertas, precisamos observar duas coisas:

A *oferta não deve ser uma obrigação imposta, mas uma ação voluntária*. Simon Kistemaker diz que Paulo não emite uma ordem, não promulga um decreto ou regulamento, não exerce força.[55] A contribuição não deve ser por coerção, mas por compulsão. Deus se importa não apenas com a contribuição, mas também com a motivação. Não basta dar, é preciso dar com a intenção correta. Podemos fazer uma coisa certa, como ofertar, com a motivação errada e promover a nós mesmos.

Os fariseus davam esmolas com uma das mãos e tocavam trombeta com a outra (Mateus 6:2-4). Ananias e Safira contribuíram não para promover a obra de Deus nem para assistir aos necessitados, mas para exaltarem a si mesmos (Atos 5:1-11). Muitas pessoas contribuem para os necessitados a fim de angariar méritos diante de Deus. Pensam que podem ser salvas por suas obras. A Bíblia diz, porém, que devemos fazer boas obras não para sermos salvos, mas porque fomos salvos (Efésios 2:10). Nossa contribuição deve ser resultado da graça de Deus em nós e não a causa dela por nós.

A *oferta não deve ser dada com tristeza, mas com alegria*. É possível contribuir sob a pressão de um apelo emocional ou público constrangimento.[56] Não devemos contribuir apenas porque

---

[55] KISTEMAKER, Simon. *2 Coríntios*. 2004: p. 436.
[56] MACDONALD, William. *Believer's Bible Commentary*. 1995: p. 1854.

outros estão fazendo isso, ou por desencargo de consciência. Não devemos contribuir por necessidade ou tristeza, mas com alegria, pois Deus ama a quem dá com alegria.

O princípio de Jesus é que: "Mais bem-aventurado é dar que receber" (Atos 20:35). Devemos contribuir com grande exultação. O privilégio de dar é mais sublime que a alegria de receber. A palavra grega usada por Paulo é *hilaron*, de onde vem nossa palavra hilariante. Deveríamos pular de alegria pelo fato de Deus nos conceder a graça de contribuir.

Em terceiro lugar, *o princípio da distribuição*. O argumento de Paulo é eloquente:

> Deus pode fazer-vos abundar em toda graça, a fim de que, tendo sempre, em tudo, ampla suficiência, superabundeis em toda boa obra, como está escrito: Distribuiu, deu aos pobres, a sua justiça permanece para sempre (2Coríntios 9.8,9).

Ao longo do versículo 8, o conceito *todo* aparece cinco vezes: *toda graça; tudo; todo tempo, todas as coisas, toda boa obra*.[57] Deus nos abençoa para sermos abençoadores. Deus semeia no nosso campo para semearmos no campo alheio. Deus nos supre para suprirmos outros. Deus nos enriquece com suas bênçãos para sermos ricos de boas obras. Deus nos dá com fartura para distribuirmos generosamente aos pobres.

Aqui está o mistério do pobre e o ministério do rico. Aqueles que retêm mais do que é justo, isso lhes será pura perda. É como receber salário e colocá-lo num saquitel furado. É ter sem usufruir.

---

[57] KISTEMAKER, Simon. *2 Coríntios*. 2004: p. 437.

É possuir sem desfrutar. É comer sem fartar-se. É beber sem saciar--se. É vestir sem se aquecer (Ageu 1:6).

Os ricos que armazenam apenas para si, descobrem que o que entesouram com avareza se tornará em combustível para a própria destruição (Tiago 5:3).

Simon Kistemaker diz que o fluxo espiritual e material de dádivas que vêm de Deus para o crente nunca pode parar com o beneficiário. Deve ser passado adiante para aliviar as necessidades de outras pessoas na igreja e na sociedade (Gálatas 6:10; 1Timóteo 6:17,18; 1Timóteo 3:17). O crente deve ser sempre um canal humano por meio do qual a graça divina flui para enriquecer os outros.[58]

O termo "suficiência" significa recursos interiores adequados.[59] A palavra grega usada por Paulo é *autarkeia*. Era a palavra favorita dos estóicos. Não descreve a suficiência do homem que possui todo tipo de coisas em abundância, mas o estado do homem que não tem dedicado sua vida a acumular posses, mas a eliminar necessidades. Descreve o homem que tem aprendido a contentar-se com pouco e não desejar nada. É óbvio que tal pessoa poderá dar muito mais aos que a rodeiam devido ao fato que deseja pouco para si mesma.

Muitas vezes queremos tanto para nós mesmos que não deixamos nada para os demais.[60] Fritz Rienecker diz que *autarkeia* indica a independência em relação a circunstâncias externas, especialmente em relação ao serviço de outras pessoas. O sentido aqui é que quanto menos um homem requer de si mesmo, mais ele

---

[58] KISTEMAKER, Simon. *2 Coríntios*. 2004: p. 438.
[59] WIERSBE, Warren W. *Comentário bíblico expositivo*. Vol. 5. 2006: p. 865.
[60] BARCLAY, William. *I y II Corintios*. 1973: p. 245.

terá para suprir as necessidades dos outros.[61] Colin Kruse, nessa mesma linha de direção, ainda lança luz sobre esse assunto, quando escreve:

> O sentido da palavra *autarkeia* tem recebido certas conotações pelo seu emprego nas discussões éticas desde o tempo de Sócrates. Na filosofia das escolas cínica e estóica, essa palavra era utilizada para caracterizar a pessoa auto-suficiente. Assim foi que Sêneca, estóico e contemporâneo de Paulo, entendia *autarkeia* como sendo a orgulhosa independência das circunstâncias exteriores, e de outras pessoas, e que constituía a verdadeira felicidade.
>
> Paulo empregava essa palavra de modo diferente. Para o apóstolo, *autarkeia* denota não a auto-suficiência humana, mas a suficiência oriunda da graça de Deus; como tal, *autarkeia* possibilitava não a independência dos outros, mas a capacidade de abundar em boas obras a favor dos outros.[62]

Corroborando com Kruse, Kistemaker diz que não se pode interpretar *autarkeia* como autossuficiência ou autoconfiança no sentido de "autodependência", pois somos todos completamente dependentes de Deus para suprir-nos em cada necessidade. Deus nos provê suficientemente para o propósito de nossa dependência dele e para o apoio a nossos semelhantes.[63]

---

[61] RIENECKER, Fritz e ROGERS, Cleon. *Chave linguística do Novo Testamento grego.* 1985: p. 357.
[62] KRUSE, Colin. *II Coríntios: Introdução e comentário.* 1994: p. 177.
[63] KISTEMAKER, Simon. *2 Coríntios.* 2004: p. 438,439.

Concordo com Frank Carver quando disse que a graça de Deus é graça que doa, e que é capaz de engordar a alma mais magra e mesquinha.[64]

Em quarto lugar, *o princípio da provisão*. O apóstolo Paulo deixa claro que tudo que temos vem de Deus, pois é ele quem dá semente ao que semeia. Também ensina que jamais nos faltará semente sempre que abrirmos as mãos para semearmos na vida de outras pessoas, uma vez que é Deus quem supre a nossa sementeira. Ainda Paulo ensina que quanto mais damos, mais temos para dar, pois Deus é quem aumenta a nossa sementeira e multiplica os frutos da nossa justiça. Atentemos para o que escreve o apóstolo:

> Ora, aquele que dá semente ao que semeia e pão para alimento também suprirá e aumentará a vossa sementeira e multiplicará os frutos da vossa justiça; enriquecendo-vos, em tudo, para toda generosidade, a qual faz que, por nosso intermédio, sejam tributadas graças a Deus (2Coríntios 9.10,11).

Quando você contribui, sua oferta abençoa os outros

O apóstolo escreve: "Porque o serviço desta assistência não só supre a necessidade dos santos, mas também redunda em muitas graças a Deus" (2Coríntios 9:12). Quando contribuímos com generosidade e alegria, essa contribuição promove dois resultados abençoadores.

Em primeiro lugar, *supre necessidades materiais dos necessitados* (2Coríntios 9:12a). A igreja é uma família e nessa família pessoa alguma deveria passar necessidade. O que Deus nos dá com

---

[64] CARVER, Frank G. *A Segunda Epístola de Paulo aos Coríntios* in "Comentário bíblico Beacon". Vol. 8. 2006: p. 456.

abundância deve permanecer a serviço de Deus na assistência aos necessitados.

Os recursos de Deus para suprir os necessitados estão em nossas mãos. Toda a provisão divina para o avanço do seu reino está em nossas mãos. Somos seus mordomos e não donos de seus recursos. Somos diáconos de Deus e seus recursos que estão em nossas mãos devem estar disponíveis para suprirmos a mesa dos pobres. Essa assistência é um serviço que prestamos não apenas aos homens, mas, sobretudo, a Deus. A palavra usada por Paulo para "assistência" é *leitourgia*, de onde vem a nossa palavra "liturgia". No grego clássico a palavra era usada para referir-se aos cidadãos ricos que faziam serviços públicos, financiando coros para as peças de teatro. No uso hebraico e no grego *koinê*, indica serviço ou culto religioso.[65]

Colin Kruse diz que Paulo considera a contribuição cristã não apenas como um serviço prestado aos necessitados, mas também um ato de culto (serviço) prestado a Deus.[66]

Os cristãos gentios poderiam ter encontrado várias desculpas para não contribuir, por exemplo, "a escassez de alimentos e a pobreza na Judeia não são culpa nossa"; ou "as igrejas mais próximas da Judeia é que deveriam ajudar"; ou ainda "cremos na importância de ofertar, mas também acreditamos que devemos cuidar primeiro de nossos necessitados". A graça nunca procura um motivo: busca apenas uma oportunidade.[67]

Em segundo lugar, *promove gratidão a Deus no coração dos assistidos*. As mãos que se abrem para contribuir abrem os corações

---

[65] RIENECKER, Fritz e ROGERS, Cleon. *Chave linguística do Novo Testamento grego*. 1985: p. 358.
[66] KRUSE, Colin. *II Coríntios: Introdução e comentário*. 1994: p. 179.
[67] WIERSBE, Warren W. *Comentário bíblico expositivo*. Vol. 5. 2006: p. 866.

para agradecer (2Coríntios 9:12b). Quando abrimos o bolso para dar, os corações se abrem para render graças a Deus. Jesus já havia ensinado esse mesmo princípio: "Assim brilhe também a vossa luz diante dos homens, para que vejam as vossas boas obras e glorifiquem a vosso Pai que está nos céus" (Mateus 5:16).

Quando você contribui, sua oferta glorifica a Deus

O apóstolo escreve: "Visto como, na prova desta ministração, glorificam a Deus pela obediência da vossa confissão, quanto ao evangelho de Cristo e pela liberalidade com que contribuís para eles e para todos" (2Coríntios 9:13). A generosidade da igreja promove a glória de Deus, pois aqueles que são beneficiários do nosso socorro glorificam a Deus pela nossa obediência. Paulo destaca dois pontos importantes nesse versículo:

Em primeiro lugar, *quando a teologia se transforma em ação, Deus é glorificado*. Os judeus crentes glorificaram a Deus ao ver que os gentios não apenas confessavam a teologia ortodoxa, mas também agiam de maneira ortopráctica (2Coríntios 9:13a).

Jesus falou do sacerdote e do levita que passaram ao largo ao verem um homem ferido (Lucas 10:31,32). Não basta ter boa doutrina, é preciso colocar essa doutrina em prática. Os crentes da Judeia glorificaram a Deus não apenas porque os gentios creram, mas, sobretudo, porque obedeceram. A palavra grega *homologia*, "confissão" usada por Paulo refere-se a uma confissão objetiva que tem a ver especialmente com "confessar a Cristo ou ao ensino de sua igreja".[68]

Warren Wiersbe relata o caso de um cristão rico que, em seu culto doméstico diário, orava pelas necessidades dos missionários

---

[68] RIENECKER, Fritz e ROGERS, Cleon. *Chave linguística do Novo Testamento grego*. 1985: p. 358.

que sua igreja sustentava. Certo dia, depois que o pai terminou de orar, o filho pequeno lhe disse: "Pai, se eu tivesse seu talão de cheques, poderia responder as suas orações".[69]

Em segundo lugar, *quando o amor deixa de ser apenas de palavras Deus é glorificado.* Os gentios contribuíram com liberalidade não apenas para os crentes da Judeia, mas, também, para outros necessitados (2Coríntios 9:13b). Eles não amaram apenas de palavras, mas de fato e de verdade (1João 3:17,18). O amor não é aquilo que se diz, mas o que se faz.

Quando você contribui, sua oferta produz camaradagem espiritual entre os irmãos

O apóstolo Paulo diz: "Enquanto oram eles a vosso favor, com grande afeto, em virtude da superabundante graça de Deus que há em vós" (2Coríntios 9:14). Os crentes judeus, vendo a infinita graça de Deus em operação nos crentes gentios, nutriram afeto por eles, e por eles oraram. Dessa forma, um dos maiores propósitos da coleta, no que concerne a Paulo, era promover a unidade da igreja.[70]

Os legalistas da igreja haviam acusado Paulo de opor-se aos judeus e à Lei. As igrejas gentias encontravam-se afastadas da igreja de Jerusalém, tanto em termos geográficos quanto culturais. Paulo desejava evitar uma divisão da igreja, e essa oferta fazia parte de seu plano de prevenção.[71]

Duas coisas podem ser vistas como resultado da nossa contribuição cristã.

---

[69] WIERSBE, Warren W. *Comentário bíblico expositivo.* Vol. 5. 2006: p. 867.
[70] KRUSE, Colin. *II Coríntios: Introdução e comentário.* 1994: p. 180.
[71] WIERSBE, Warren W. *Comentário bíblico expositivo.* Vol. 5. 2006: p. 867.

Em primeiro lugar, *a intercessão por nós*. Quando nossas mãos se abrem, os joelhos se dobram (2Coríntios 9:14a). Quando abrimos o coração para dar, os corações se aquecem para interceder. A contribuição produz comunhão. As dádivas materiais promovem bênçãos espirituais. Nunca estamos tão próximos de uma pessoa como quando oramos por ela. É impossível orar por alguém sem amar ao mesmo tempo. Por isso, Paulo diz que os crentes judeus oravam pelos gentios com grande afeto.

Em segundo lugar, *o reconhecimento da graça de Deus em nós*. As pessoas veem em nós a superabundante graça de Deus não apenas quando falamos coisas bonitas, mas quando praticamos ações certas (2Coríntios 9:14b). Aqueles que são receptáculos da graça devem ser canais dela para outras pessoas.

O apóstolo Paulo termina sua exposição sobre a contribuição pela graça afirmando que tudo quanto dermos ainda não é retribuição adequada pelo dom inefável de Deus: "Graças a Deus pelo seu dom inefável!" (2Coríntios 9:15). A palavra grega *dorea*, traduzida por "dom" nesse versículo, é o presente indescritível e soberano de si mesmo em seu Filho. Aqui está a fonte de toda a graça e todo o amor que irão fluir pelas igrejas, como resultado da oferta.[72]

Simon Kistemaker diz que essa dádiva de Deus ao mundo é o nascimento, o ministério, o sofrimento, a morte, a ressurreição, a ascensão e a volta final de seu Filho. Para Paulo, a ideia de Deus entregar seu Filho à humanidade é espantosa.[73] Já a palavra grega

---

[72] CARVER, Frank G. *A Segunda Epístola de Paulo aos Coríntios* in "Comentário bíblico Beacon". Vol. 8. 2006: p. 457.
[73] KISTEMAKER, Simon. *2 Coríntios*. 2004: p. 451.

anekdiegetos, "inefável" refere-se a algo que não pode ser descrito por palavras, recontado, ou explicado em detalhes.

A ação de Deus não pode ser descrita com palavras humanas.[74] Essa palavra não se encontra no grego clássico nem nos papiros. Ela só aparece no Novo Testamento e parece que foi cunhada pelo apóstolo Paulo a fim de descrever o inefável dom de Deus.[75]

Simon Kistemaker diz que nesta terra nunca poderemos sondar a profundidade do amor de Deus por nós, o valor infinito de nossa salvação e o dom da vida eterna. A dádiva de Deus é realmente indescritível.[76]

Concordo com Colin Kruse quando ele afirma que para Paulo todas as contribuições cristãs devem ser efetuadas à luz do dom inefável de Deus, pelo que devem ser feitas com alegria no coração e expressão de gratidão a Deus, e, também, como demonstração de nosso interesse amoroso pelos necessitados que vão recebê-las, e de nossa união com eles.[77]

Aqueles que receberam a maior dádiva de Deus, o seu Filho bendito, devem expressar sua gratidão, sendo generosos na partilha do que têm recebido. Jamais poderemos atingir esse nível de doação. Estaremos sempre aquém da generosidade de Deus.

---

[74] RIENECKER, Fritz e ROGERS, Cleon. *Chave linguística do Novo Testamento grego*. 1985: p. 358.
[75] KRUSE, Colin. *II Coríntios: Introdução e comentário*. 1994: p. 180.
[76] KISTEMAKER, Simon. *2 Coríntios*. 2004: p. 451.
[77] KRUSE, Colin. *II Coríntios: Introdução e comentário*. 1994: p. 180.

4

Dinheiro, o perigo dos investimentos errados

O livro do profeta Ageu é o segundo menor do Antigo Testamento. Ageu foi o primeiro profeta do período pós-cativeiro babilônico. Com Zacarias, seu contemporâneo, ele foi usado por Deus para encorajar o povo a reconstruir o templo de Jerusalém, que havia sido destruído por Nabucodonosor em 586 a.C.

Dionísio Pape diz que o entusiasmo religioso para a reconstrução do templo justifica-se pelo fato de que uma pessoa em cada sete dos exilados que voltaram era sacerdote. A maioria dos judeus ficara na Babilônia, desfrutando da prosperidade. Os mais piedosos voltaram com a ideia de formar um Estado sacerdotal, e isto preparou o espírito farisaico do período de Cristo.[78]

Dezesseis anos antes da reconstrução do templo em Jerusalém, o remanescente do povo, com aproximadamente cinquenta mil pessoas, voltava à Judeia sob a liderança de Zorobabel a fim de pôr em prática o decreto real (Esdras 1 e 2). Dois anos depois, os alicerces do templo foram assentados, entre louvores e lágrimas

---

[78] PAPE, Dionísio. *Justiça e esperança para hoje.* ABU. São Paulo, SP. 1983: p. 107.

(Esdras 3:8-13), e as expectativas da reconstrução pareciam brilhantes. Porém, agora, em 520 a.C., as circunstâncias se mostravam sombriamente diferentes. Os inimigos, da raça mista dos samaritanos, colocaram-se contra os judeus durante todo o reinado de Ciro; e quando seu sucessor, Artaxerxes, subiu ao trono, eles conseguiram suspender completamente o projeto (Esdras 4:21). Quatorze anos se passaram; o templo continuava inacabado, e os alicerces tinham sido cobertos de entulho. Os judeus repatriados aceitaram os acontecimentos com uma resignação quase fatalista.[79] George Robinson diz que a apatia tomou o lugar do entusiasmo e o afã de ganhar dinheiro absorveu o seu interesse principal.[80]

A paralisia espiritual tinha atacado o povo, e foi com o propósito de libertá-lo dessa letargia que Ageu se levantou com poderosa pregação.[81]

Possivelmente, Ageu conhecera as glórias do templo salomônico (Ageu 2:3). De acordo com a tradição judaica, ele viveu a maior parte de sua vida na Babilônia.[82] Sendo assim, já devia ser um homem com mais de oitenta anos quando levantou a voz profética em Jerusalém.[83] Ageu profetizou no segundo ano do rei Dario, no sexto mês e no primeiro dia da semana. Ele apareceu repentinamente no ano 520 a.C., e desapareceu de igual modo. Nada se sabe de sua vida antes ou depois da sua pregação.[84]

---

[79] BAXTER, J. Sidlow. *Examinai as Escrituras: Ezequiel a Malaquias*. Edições Vida Nova. São Paulo, SP. 1995: p. 259.
[80] ROBINSON, George L. *Los doce profetas menores*. 1984: p. 117.
[81] WOLF, Herbert. *Ageu e Malaquias*. Editora Vida. Miami, FL. 1986: p. 10.
[82] BALDWIN, J. G. *Ageu, Zacarias e Malaquias*. 2006: p. 22.
[83] ROBINSON, George L. *Los doce profetas menores*. Casa Bautista de Publicaciones. El Paso, TX. 1984: p. 115.
[84] FRANCISCO, Clyde T. *Introdução ao Velho Testamento*. JUERP. Rio de Janeiro, RJ. 1979: p. 199.

Esse Dario não é o mesmo Dario de Daniel capítulo 6. Trata-se de Dario, o grande, que ascendeu ao poder em 522 a.C. Ageu começou a profetizar no segundo ano do seu reinado. Nesse período, a reconstrução do templo já estava paralisada havia quinze anos e o templo ainda estava em ruínas (Esdras 4:1-5). Os judeus tinham apenas lançado os fundamentos e abandonado a obra devido à oposição dos judeus de fora e a desmotivação dos judeus de dentro. A mensagem de Ageu, porém, foi poderosa e eficaz, pois os líderes e o povo reagiram e reconstruíram o templo em quatro anos, concluindo-o em 516 a.C.[85]

A Palavra de Deus vem ao povo de Israel por intermédio de seus líderes. Ageu fala a Zorobabel e a Josué, o governador e o sumo sacerdote, o líder político e o líder religioso. O profeta dirigiu seu discurso aos homens fundamentais da comunidade, na presença dos adoradores reunidos. Proclamou-lhes um chamado retumbante à ação.[86]

Dois temas ocuparam a mente de Ageu: a reconstrução do templo de Jerusalém e o estabelecimento do reinado de Davi. Esses dois temas falam do aspecto físico e espiritual da casa de Deus.

J. G. Baldwin diz que havia uma razão escatológica que tornava o templo indispensável. Sua reconstrução era pré-requisito para o advento da era messiânica. Ageu deixou isso implícito (2:6-9) e Malaquias proclamou que o Senhor viria de repente para o seu templo (Malaquias 3:1). O templo era um símbolo da continuidade entre presente e passado. Jesus disse que seu corpo era o templo (Marcos 14:58; João 2:19) que, por sua vez, seria destruído.

---

[85] BALDWIN, J. G. *Ageu, Zacarias e Malaquias*. Editora Vida Nova. São Paulo, SP. 2006: p. 14.

[86] DUNNING, H. Ray. *O livro de Ageu* in "Comentário bíblico Beacon". Vol. 5. 2005: p. 278.

Ressuscitado dos mortos, ele seria a pedra fundamental de um templo santo feito de pedras vivas, crentes seriam "[...] edificados para habitação de Deus no Espírito" (Efésios 2:19-22; 1Pedro 2:4,5), uma igreja que em esplendor seria-lhe apresentada. Tal reconstrução no tempo de Ageu e Zacarias foi um preparo necessário para tudo isso.[87]

Nessa mesma linha de pensamento, Gerard Van Groningen diz que a reconstrução do templo foi sobremodo importante porque era o símbolo da presença de Iavé com eles e o tipo daquele que viria e habitaria entre eles (João 1:14-18).[88]

Ageu nos ajuda a ver o aqui (o templo) e o lá (o Cristo triunfante), o contingente (a construção) e o eterno (o Cristo glorificado), o hoje (a casa para a adoração aqui) e o amanhã (o triunfante com quem estaremos para sempre e a quem adoraremos sem necessidade de edificações). Por tudo isso, vale a pena estudar o livro de Ageu.[89]

Deus volta a falar ao seu povo – Ageu 1.1

O reino do Norte já havia sido levado para o cativeiro em 722 a.C., pela Assíria. Por não se arrepender nem ouvir os profetas de Deus, o reino do Sul enfrentou o mesmo destino em 586 a.C., quando Nabucodonosor invadiu Jerusalém, destruiu seus muros, arrasou seu templo e levou o povo para o cativeiro.

Uma das razões da severa disciplina de Deus ao seu povo foi confiança mística que depositavam no templo (Jeremias 7:1-4). Pensava-se que o templo, lugar da habitação de Deus, era

---

[87] BALDWIN, J. G. *Ageu, Zacarias e Malaquias*. 2006: p. 17.
[88] GRONINGEN, Gerard Van. *Revelação messiânica no Velho Testamento*. Luz para o Caminho. Campinas, SP. 1995: p. 778.
[89] COELHO FILHO, Isaltino Gomes. *Ageu, nosso contemporâneo*. 1991: p. 19.

inexpugnável e enquanto o templo estivesse com o povo, jamais os israelitas se abalariam. Porém, a confiança do povo estava no templo e não em Deus. O templo se tornara um amuleto, e por isso Deus o entregou e seus vasos nas mãos de Nabucodonosor, sendo em seguida derrubado e o povo entregue nas mãos dos caldeus.

Passaram-se setenta anos. O cativeiro babilônico chegara ao fim. Deus já havia determinado o cativeiro e estabelecido seu tempo. Era hora de retornar e Deus moveu o coração do rei Ciro para baixar um decreto permitindo a volta dos judeus para reconstruírem o templo e a cidade. O retorno do povo judeu não foi total. Apenas cinquenta mil pessoas regressaram. Os outros se acomodaram na Babilônia e fincaram lá suas raízes.

Esse retorno, o segundo êxodo, deu-se em três levas, como em três levas foram conduzidos à escravidão. A primeira leva foi capitaneada por Zorobabel, para a reconstrução do templo. A segunda foi liderada por Esdras, para o ensino da lei e a terceira foi dirigida por Neemias, para a reconstrução dos muros da cidade.

Podemos imaginar que impacto causou a notícia de que Deus havia falado novamente ao seu povo. Já fazia muitos anos que não se ouvia em Jerusalém uma voz profética. Agora, depois do retorno, era a primeira vez que Deus rompia o silêncio e fazia ouvir sua voz por meio do profeta Ageu. Isso era um sinal de que Deus ainda mantinha a sua aliança com o povo da promessa.

O povo que voltou para Jerusalém enfrentou muitas dificuldades para cumprir seu propósito de reconstrução do templo. Vamos nomear aqui algumas delas:

Em primeiro lugar, *a falta de recursos*. As pessoas que voltaram enfrentaram de início grande escassez de recursos. A cidade estava entupida de entulho e o povo desprovido de recursos. Isaltino Filho diz que aquele era um momento de desencanto, de pobreza, e ainda, de aturdimento. Reiniciar a vida em um país debaixo de escombros não permitia gastos supérfluos e o povo se acostumara a viver sem o templo na Babilônia.[90]

Em segundo lugar, *a proposta de alianças perigosas*. Logo que os judeus chegaram, os samaritanos se propuseram a se unirem para a reconstrução do templo. Contudo, essa aliança foi um laço para os judeus. Embora, aparentados fisicamente, os samaritanos tinham abandonado a fé ortodoxa e abraçado uma fé mística e sincrética. A adesão àquela aliança representava uma apostasia religiosa e os judeus se recusaram terminantemente a selar aquele acordo de cooperação.

Em terceiro lugar, *a oposição hostil*. Os samaritanos, vendo-se rejeitados, ergueram-se com grande violência como opositores da obra. De parceiros tornaram-se inimigos. Chegaram a ponto de enviar cartas ao rei da Pérsia, criando intrigas e fazendo acusações falsas, escamoteando a verdade e dizendo que os judeus estavam conspirando contra a Pérsia. Essa oposição foi tão implacável que Artaxerxes baixou um decreto proibindo a reconstrução da cidade e do templo (Esdras 4:21). A construção do templo ficou paralisada por quinze anos. Ainda hoje há muitos templos inacabados por anos a fio, em nossos arraiais. Isso é um péssimo testemunho do nosso amor a Deus e da nossa fé na sua providência.[91]

Em quarto lugar, *as lembranças do antigo templo*. Algumas pessoas que retornaram a Jerusalém, inclusive o profeta Ageu, conheciam as glórias do primeiro templo. O suntuoso templo construído por Salomão ainda permanecia vivo na memória de alguns. Jamais poderiam fazer novamente algo semelhante.

---

[90] COELHO FILHO, Isaltino Gomes. *Ageu, nosso contemporâneo*. 1991: p. 17.
[91] COELHO FILHO, Isaltino Gomes. *Ageu, nosso contemporâneo*. 1991: p. 18.

Estavam, agora, lançando-se num projeto muito mais modesto, e alguns se sentiram desencorajados a abraçar essa nova empreitada.

Em quinto lugar, *uma interpretação errada das profecias*. J. Sidlow Baxter entende que os judeus estavam interpretando equivocadamente a profecia dos setenta anos do cativeiro babilônico, quando disseram: "[...] não veio ainda o tempo, o tempo em que a Casa do SENHOR deve ser edificada" (Ageu 1:2). Embora a predição inspirada fosse infalível, a interpretação dela não estava sendo. A profecia bíblica em vez de ser um tônico, estava se tornando um narcótico. Eles se entregaram ao sentimento de que havia uma inevitabilidade irreversível nas coisas.

O esforço presente não adiantaria; deveriam esperar até que o relógio da profecia batesse a hora predestinada. O resultado foi a indiferença e a paralisação da obra. O povo se acostumou a ficar sem templo e isso se mostrou fatal. Essa foi a atitude de Ryland, de Northampton, quando oprimiu o jovem William Carey, o pai das missões modernas, replicando: "Jovem, sente-se. Quando Deus quiser converter os pagãos, ele fará sem sua ajuda ou a minha".[92]

Deus argumenta com o seu povo – Ageu 1.2-4

Diante da oposição dos samaritanos e do decreto do rei da Pérsia, os judeus abandonaram o propósito da reconstrução do templo no meio do caminho. Eles já haviam lançado os fundamentos do templo, mas perderam as forças para continuar a obra. J. G. Baldwin diz que a resignação mata a fé. O esqueleto do templo em ruínas era como um cadáver que se decompunha

---

[92] BAXTER, J. Sidlow. *Examinai as Escrituras: Ezequiel a Malaquias*. 1995: p. 263.

em Jerusalém e contaminava tudo (Ageu 2:10-14).[93] Destacamos aqui alguns pontos.

Em primeiro lugar, *Deus se apresenta ao povo como o Senhor dos Exércitos* (Ageu 1:2). Antes de Deus falar ao povo, ele se apresenta como o Senhor dos Exércitos. Esse nome de Deus demonstra que ele tem domínio sobre as hostes celestiais e sobre os reinos do mundo. Esse nome fala de seu poder absoluto e que nenhuma força humana ou cósmica pode resistir ao seu poder e à sua soberana vontade.

Daniel já havia dito no cativeiro que o povo que conhece a Deus é forte e ativo (Dn 11:36). Os nossos sonhos e projetos são do tamanho do nosso Deus. William Carey disse que o tamanho do nosso Deus determina o tamanho da nossa visão. A. W. Tozer diz que a maior necessidade da Igreja é conhecer a grandeza e a majestade de Deus.

Em segundo lugar, *Deus demonstra o seu desgosto com a atitude do povo* (Ageu 1:2). O povo de Judá fora levado para o cativeiro por causa dos seus pecados. Havia voltado do cativeiro e ainda estava agarrado aos seus pecados. É notório que Deus não o chama de: "Meu povo", mas: "Este povo".

Os que regressaram da Babilônia colocaram seus interesses na frente dos interesses de Deus. Desistiram de investir na Casa de Deus para investir nas suas casas. Deixaram de ajuntar tesouros no céu para acumulá-los na terra. Deixaram de ser o prazer de Deus para ser o motivo de seu desgosto.

Em terceiro lugar, *as desculpas do povo para Deus* (Ageu 1:2). Os judeus que retornaram para reconstruírem do templo afrouxaram as mãos e abandonaram a obra e deram a seguinte desculpa

---

[93] BALDWIN, J. G. *Ageu, Zacarias e Malaquias*. 2006: p. 26.

para Deus: "Não veio ainda o tempo, o tempo em que a Casa do SENHOR deve ser edificada" (1:2). O pecado deles foi de acomodação. Eles adiaram o projeto de Deus e priorizaram os seus projetos. Abandonaram a Casa de Deus e investiram tudo em suas casas. Charles Feinberg interpreta corretamente quando diz que eles não diziam que a edificação não devia ser feita; apenas que ainda não havia chegado o tempo oportuno.[94]

Eles abandonaram a Casa de Deus e criaram uma falsa justificativa para abafar a voz da consciência. Julgaram que a oposição para fazer a obra era um sinal de que não era o tempo de fazer a obra. Fizeram uma leitura errada quando interpretaram que a presença de dificuldades na obra devia levá-los a desistir da obra. Billy Sunday chamou uma desculpa de "um invólucro de uma razão recheado com uma mentira" e Benjamim Franklin disse: "Jamais conheci um homem que fosse bom em inventar desculpas e que também fosse bom em outra coisa".[95]

Em quarto lugar, *a resposta de Deus às desculpas do povo* (Ageu 1:3,4). "Veio, pois, a palavra do SENHOR, por intermédio do profeta Ageu, dizendo: Acaso, é tempo de habitardes vós em casas apaineladas, enquanto esta casa permanece em ruínas?" O povo tinha provas suficientes de que era da vontade de Deus que reconstruíssem o templo. Deus já havia tocado o coração do rei Ciro para libertá-los e enviá-los a Jerusalém, provendo-lhes de recursos para esse propósito (2Crônicas 36:22,23; Esdras 1:1-4). Também os judeus conheciam a profecia de Isaías acerca de Ciro: "Ele é meu pastor e cumprirá tudo o que me apraz; que

---

[94] FEINBERG, Charles L. *Os profetas menores*. 1988: p. 242.
[95] WIERSBE, Warren W. *Comentário bíblico expositivo*. Vol. 4. 2006: p. 541.

digo também de Jerusalém: Será reedificada; e do templo: Será fundado" (Isaías 44:28).

Deus coloca em dúvida as prioridades do povo e denuncia sua assustadora incoerência. Deus denuncia a procrastinação do povo judeu em fazer os melhores investimentos em suas casas e os piores na Casa de Deus. Eles desistiram de investir na Casa de Deus, mas estavam fazendo investimentos redobrados em suas casas.

As casas apaineladas tinham requinte e luxo. A palavra hebraica *sapan* significa tanto "apainelar" quanto "colocar forro".[96] Eles deixaram a casa de Deus em ruínas, sem teto, para dar um toque de requinte e luxo em suas casas. Os judeus tinham construído suas casas com luxo e extravagância. Eram casas de fino acabamento. Fizeram o acabamento das paredes das casas com madeiramento caro. Essa prática era considerada luxuosa até para um rei (Jeremias 22:14).

Houve até mesmo quem sugerisse que os judeus tivessem usado em suas casas a madeira de cedro reservada para o templo.[97] Os investimentos que cortaram da Casa de Deus estavam investindo para o próprio deleite. Que valor estavam dando a Deus se deixavam seu templo em ruínas? O conflito entre despesas com luxo em casa e o sustento condigno do trabalho do Senhor persiste até hoje entre nós, diz Baldwin.[98]

Isaltino Filho diz que a expressão "casas apaineladas ou forradas" significa casas com lambris de cedro, madeira importada. Para as casas dos adoradores, material importado, de primeira qualidade. Para a casa do adorado, nada. Um templo sem teto.

---

[96] BALDWIN, J. G. *Ageu, Zacarias e Malaquias*. 2006: p. 31.
[97] DUNNING, H. Ray. *O livro de Ageu* in "Comentário bíblico Beacon". Vol. 5. 2005: p. 279.
[98] BALDWIN, J. G. *Ageu, Zacarias e Malaquias*. 2006: p. 31.

Um símbolo do descaso de muitos crentes através dos séculos. Primeiro, a minha vida. Mais tarde, a de Deus. Primeiro, cuidarei dos meus negócios. Se tempo houver, mais tarde, dos de Deus. Eu primeiro e depois Deus.[99]

Herbert Wolf ainda diz que o povo tinha recursos e competência não só para construir as próprias casas, mas também para apainelar suas paredes, o que passava já a ser um luxo, pela inevitável associação com as residências reais, como o palácio e outros edifícios que Salomão construiu (1Reis 7:3,7).[100] Em vez de honrar ao Senhor com os seus bens, eles estavam desonrando a Deus (Provérbios 3:9). Em vez de buscar em primeiro lugar o reino de Deus, estavam buscando primeiro os seus interesses (Mateus 6:33).

Deus mostra a insensatez do seu povo – Ageu 1.5,6

Isaltino Filho diz que o povo é convocado para avaliar os seus atos à luz de alguns resultados sucedidos em sua vida. Ageu faz nos versículos 6 e 9 um contraste entre a ação do povo e a sua expectativa (muito) e o resultado (pouco). Já nos versículos 10 e 11, a crise econômica é bem exposta e o seu causador é identificado, o próprio Deus. No versículo 8, Ageu apresenta a alternativa: o que o povo deve fazer.[101]

Examinaremos, agora, duas importantes lições que Ageu nos transmite (Ageu 1:5,6):

Em primeiro lugar, *precisamos aprender com o passado para não repetirmos os mesmos erros* (Ageu 1:5). Deus chama o seu

---

[99] COELHO FILHO, Isaltino Gomes. *Ageu, nosso contemporâneo.* 1991: p. 25.
[100] WOLF, Herbert. *Ageu e Malaquias.* 1986: p. 19.
[101] COELHO FILHO, Isaltino Gomes. *Ageu, nosso contemporâneo.* 1991: p. 27.

povo a olhar pelas lentes do retrovisor: "Ora, pois, assim diz o SENHOR dos Exércitos: Considerai o vosso passado" (1:5). O verbo "considerar" significa "meditar, pensar com cuidado". Era hora de o povo fazer uma séria introspecção diante do Senhor.[102]

O desprezo de Deus e o descaso com sua obra tinham levado o povo de Israel a quebrar a aliança com Deus. A violação do pacto trouxe o chicote da disciplina às suas costas, a fome em suas casas e a insatisfação em seus corações. O pecado não compensa. Ele é uma fraude. Por não terem aprendido com as lições do passado estavam repetindo os mesmos erros. O passado precisa nos tomar pela mão, conduzir-nos no presente rumo ao futuro. O passado deve ser o nosso mestre e não o nosso coveiro.

Em segundo lugar, *investimentos errados produzem resultados insatisfatórios* (Ageu 1:6). O profeta Ageu fala em nome do Senhor dos Exércitos: "Tendes semeado muito e recolhido pouco; comeis, mas não chega para fartar-vos; bebeis, mas não dá para saciar-vos; vesti-vos, mas ninguém se aquece; e o que recebe salário, recebe-o para pô-lo num saquitel furado" (1:6). O profeta usa cinco situações de investimento, todos com resultados insatisfatórios. Quem semeia muito colhe pouco. Quem come não se farta. Quem bebe não se sacia. Quem veste não se aquece e quem recebe salário, coloca-o num saquitel furado e o perde pelo caminho.

Sempre que desamparamos a casa de Deus, criando desculpas, para investir apenas em nossos projetos, corremos quatro riscos:

Ter muito, mas não ter prazer no que temos (Ageu 1:6). Há pessoas que moram em casas apaineladas, mas não têm paz nem alegria dentro de casa. Há pessoas que amealham riquezas, mas esse dinheiro é como espinho em sua pele. Há pessoas que acumulam

---

[102] WIERSBE, Warren W. *Comentário bíblico expositivo.* Vol. 4. 2006: p. 542.

apenas para si e dão desculpas para não investirem na Casa de Deus, mas o muito que têm parece pouco, pois não é capaz de lhes trazer satisfação.

Fazer grandes investimentos, mas ter resultados insignificantes (Ageu 1:6). Ageu fala que é possível semear muito e colher pouco, comer e não se fartar, beber e não se saciar, vestir e não se aquecer e receber salário e colocá-lo num saquitel furado. Todas essas cinco figuras falam de uma mesma coisa, do descompasso entre o investimento e o resultado alcançado. Os mesmos homens, que demonstraram habilidade e pressa para cuidarem de seus negócios, andavam bem devagar e cansadamente quando se tratava de fazer a obra de Deus. O tempo e o dinheiro são meticulosamente racionados quando se trata de servir ao Senhor.[103]

Reter em nossas mãos o que devemos empregar na obra de Deus produz em nós grande insatisfação (Ageu 1:6). Deus mesmo é o agente dessa frustração. Ele é quem impede a colheita abundante. Ele é quem não deixa a pessoa fartar-se, saciar-se e se aquecer. O povo estava retendo em suas mãos o que devia entregar na Casa de Deus. O povo estava correndo atrás apenas dos seus interesses e ao mesmo tempo desprezando a Casa de Deus. Estava morando luxuosamente enquanto a Casa de Deus permanecia em ruínas. O povo estava cobrindo suas casas com madeira importada, enquanto o Templo ainda estava sem teto. Então, Deus mostrou-lhes a loucura de abandonarem sua Casa, gerando dentro deles uma incurável insatisfação.

Reter mais do que é justo é pura perda (Ageu 1:6). Ageu disse que reter ou subtrair o que devemos entregar na Casa de Deus é o mesmo que receber salário para colocá-lo num saquitel furado.

[103] WOLF, Herbert. *Ageu e Malaquias*. 1986: p. 24.

Neemias disse que reter os dízimos era desamparar a Casa de Deus (Neemias 13:10-14). Malaquias disse que reter os dízimos era roubar a Deus (Malaquias 3:8-10). A Bíblia diz que reter mais do que é justo é pura perda.

Deus aponta as razões do sofrimento do povo – Ageu 1.7-11

O profeta Ageu fala em nome do Senhor dos Exércitos, trazendo algumas verdades solenes para o povo.

Em primeiro lugar, *antes de investir na obra de Deus, precisamos rever nossas motivações* (Ageu 1:7,8). Antes de ordenar o povo a subir ao monte e trazer madeira para reconstruir o templo, o profeta ordena novamente a considerar o seu passado. Na construção do primeiro templo houve uma atitude oposta à que eles estavam adotando. Davi pensou em fazer o melhor para Deus (2Samuel 7:2); o povo pensava fazer o melhor para si mesmo. Davi colocou Deus e sua Casa em primeiro lugar; agora, o povo colocava a si mesmo e suas casas em primeiro lugar.

O problema não era falta de recursos, mas de prioridade. O capital da igreja é a fé. A igreja que se propõe a dar glória ao nome de Deus realiza coisas extraordinárias. Porém, sempre que colocamos os nossos interesses à frente dos interesses de Deus, deixamos sua Casa em ruínas.

Em segundo lugar, *Deus se agrada e é glorificado quando investimos em sua Casa* (Ageu 1:8): "Subi ao monte, trazei madeira e edificai a casa; dela me agradarei e serei glorificado, diz o SENHOR" (1:8). O povo estava usando as madeiras nobres para embelezar com requinte e luxo suas casas ao mesmo tempo em que abandonava a Casa de Deus. Agora, Deus ordena o povo a subir ao monte, trazer madeira e edificar a casa. Duas coisas o Senhor afirma:

Deus se agrada de sua Casa (Ageu 1:8). Deus tomou a decisão de habitar no meio do seu povo (Êxodo 25:8). Quando o templo de Salomão foi consagrado, Deus afirmou ter escolhido aquele lugar para habitar. Deus tem prazer de habitar no meio do seu povo, por isso, se agrada da sua Casa.

Deus é glorificado em sua Casa (Ageu 1:8). Quando o povo de Deus vem à Casa de Deus para adorá-lo, Deus é glorificado. Esse templo era apenas um tipo do verdadeiro templo em que Deus habita, a igreja. Nós somos sua habitação. Nós, povo remido pelo sangue do Cordeiro, somos o verdadeiro "[...] santuário do Espírito Santo" (1Coríntios 6:19). Quando investimos na sua obra, isso lhe agrada e o glorifica. J. G. Baldwin diz corretamente que trabalho feito com a intenção de agradar a Deus também lhe dá glória.[104]

Em terceiro lugar, *Deus é Deus de primícias e não de sobras* (Ageu 1:9). O profeta Ageu mostra duas solenes verdades neste versículo:

> Esperastes o muito, e eis que veio a ser pouco, e esse pouco, quando o trouxestes para casa, eu com um assopro o dissipei. Por quê? – diz o SENHOR dos Exércitos; por causa da minha casa, que permanece em ruínas, ao passo que cada um de vós corre por causa de sua própria casa (1.9).

Destacamos, aqui, algumas lições.

Deus não aceita sobras, ele requer primícias (Ageu 1:9). O povo estava investindo o melhor em suas casas e deixando a Casa de Deus em ruínas. Traziam para Deus as migalhas, as sobras,

---

[104] BALDWIN, J. G. *Ageu, Zacarias e Malaquias*. 2006: p. 32.

os animais cegos e aleijados (Malaquias 1:8). Traziam ofertas indignas e mesquinhas. Por isso, Deus disse que o que eles traziam, ele assoprava e rejeitava. Deus requer primícias e não sobras (Provérbios 3:9). Deus não precisa de nada, ele é dono do ouro e da prata (Ageu 2:8). Ele não quer dinheiro, mas a fidelidade do seu povo. O dízimo não é uma questão monetária, mas um gesto de fidelidade.

Deus diz que investir na sua Casa nos traz abençoadora recompensa (Ageu 1:9). "Esperastes o muito, e eis que veio a ser pouco [...] Por quê? [...] por causa da minha casa, que permanece em ruínas, ao passo que cada um de vós corre por causa de sua própria casa". Eles tiveram expectativas frustradas por não priorizarem a Casa de Deus. Eles esqueceram de que tudo o que tinham viera das mãos de Deus e que deviam consagrar as primícias para Deus. A Palavra de Deus nos ordena: "Honra ao SENHOR com os teus bens e com as primícias de toda a tua renda; e se encherão fartamente os teus celeiros, e transbordarão de vinho os teus lagares" (Provérbios 3:9,10). Quando deixamos de trazer os dízimos à Casa de Deus, e deixamos a Casa de Deus em ruínas, para só investir em nossas casas, fechamos sobre nós mesmos as janelas dos céus e retemos sobre a nossa cabeça as bênçãos do Altíssimo.

Em quarto lugar, *o Deus que abençoa é também o Deus que retém as bênçãos* (Ageu 1:10,11). O profeta Ageu conclui:

> Por isso, os céus sobre vós retêm o seu orvalho, e a terra, os seus frutos. Fiz vir a seca sobre a terra e sobre os montes; sobre o cereal, sobre o vinho, sobre o azeite e sobre o que a terra produz, como também sobre os homens, sobre os animais e sobre todo trabalho das mãos.

O pecado produz amargas consequências. Ele jamais fica impune. O desprezo pelos mandamentos de Deus e as racionalizações humanas para se retardar a obra de Deus produziram resultados trágicos para o povo. Destacamos dois pontos:

Deus é o agente da disciplina (Ageu 1:10,11). A natureza está a serviço de Deus para trazer juízo sobre o seu povo. Os céus e a terra são instrumentos da disciplina de Deus. Baldwin diz que o céu e a terra obedecem ao seu Criador, mas seu povo não.[105] Os céus retêm o orvalho e a terra seus frutos. E por quê? Para disciplinar o povo de Deus, que estava retendo em suas mãos o que deveria estar investindo na Casa do Senhor. É Deus quem faz vir a seca sobre a terra, sobre os montes, sobre o cereal, sobre o vinho, sobre o azeite e sobre o que a terra produz, bem como sobre os homens, os animais e todo o trabalho das mãos. A seca castigou as pessoas, os animais e todas as plantações. Não foi um acidente ou o acaso de uma natureza caprichosa. Foi ação divina (Deuteronômio 28:22-24), diz Isaltino Filho.[106]

Deus nos impede de usufruir o que deixamos de investir em sua Casa (Ageu 1:10,11). A retenção do orvalho dos céus e a escassez de frutos da terra bem como a seca que atinge as lavouras, os homens, os animais e todo seu trabalho são prova de que quando retemos o que é de Deus, isso de nada nos aproveita. Reter mais do que é justo é pura perda. Quando deixamos de entregar o que pertence a Deus, na Casa de Deus, isso vaza pelos dedos, é o mesmo que colocar salário em um saquitel furado. Deus não deixa sobrar!

---

[105] BALDWIN, J. G. *Ageu, Zacarias e Malaquias*. 2006: p. 32.
[106] COELHO FILHO, Isaltino Gomes. *Ageu, nosso contemporâneo*. 1991: p. 29.

5

Dinheiro, as janelas abertas dos céus

O Deus da aliança chama seu povo para voltar para ele; uma volta que toca o coração e o bolso. Uma volta espiritual e também uma volta que abrange o aspecto financeiro. Quem tem o coração convertido, tem o bolso aberto. O bolso reflete o coração. O bolso é a radiografia do coração. O dinheiro é um termômetro espiritual, pois o Senhor jamais será o Senhor do nosso coração, se não for o Senhor do nosso bolso. Se o bolso ainda não está convertido ao Senhor, nosso coração também ainda não está. A Bíblia diz que onde está o nosso tesouro, aí estará também o nosso coração. Não podemos servir a Deus e às riquezas. Quando nosso coração se volta para Deus, nosso bolso vem a reboque.

Se o povo se voltar para Deus, ele se voltará para o povo. Se o povo for fiel na devolução dos dízimos, em vez de maldição, ele terá as janelas dos céus abertas. A escolha é entre bênção e maldição.

Vamos abordar o tema supracitado, por meio da análise de Malaquias 3:6-12.

A restauração está fundamentada no caráter imutável de Deus

O profeta Malaquias registra as palavras do Senhor: "Porque eu, o Senhor, não mudo; por isso, vós, ó filhos de Jacó, não sois consumidos" (Malaquias 3:6). Destacamos três verdades aqui, na consideração desse assunto:

Em primeiro lugar, *Deus é imutável em seu ser*. Deus é o mesmo sempre. Ele não tem começo nem fim. É o mesmo ontem, hoje e o será sempre. Nele não há variação nem sombra de mudança. Deus não tem picos de crise. Seu amor por nós não passa por baixas. Não podemos fazer nada para que nos ame mais nem deixar de fazer coisa alguma para que nos ame menos. Seu amor por nós é eterno, contínuo e incondicional. A causa do amor de Deus por nós está nele mesmo.

Em segundo lugar, *Deus é imutável em relação à sua aliança conosco*. É leal ao compromisso que assume. Como filhos de Jacó, trazemos suas marcas, somos inconstantes. Contudo, ainda que sejamos infiéis, Deus não nega a si mesmo. Mesmo quando somos infiéis, Deus permanece fiel (1Timóteo 2:13). Ele prometeu ser o nosso Deus para sempre. Ele prometeu nunca nos abandonar. Ele nos disciplina e nos corrige, mas jamais nos destrói.

Em terceiro lugar, *a imutabilidade de Deus é a nossa segurança*. A imutabilidade divina é a causa de não sermos destruídos. Se Deus nos tratasse segundo os nossos pecados, estaríamos arruinados. A nossa inconstância não abala a imutabilidade de Deus enquanto que seu amor perseverante é que nos dá a garantia da salvação. A segurança da salvação não está estribada em nós, mas em Deus; não se apoia no frágil bordão da nossa instabilidade, mas no rochedo firme da imutabilidade divina.

A restauração está disponível mediante um convite gracioso de Deus

O profeta Malaquias ainda fala em nome de Deus:

> Desde os dias de vossos pais, vos desviastes dos meus estatutos e não os guardastes; tornai-vos para mim, e eu me tornarei para vós outros, diz o SENHOR dos Exércitos; mas vós dizeis: Em que havemos de tornar? (Malaquias 3.7).

Quatro verdades fundamentais devem ser enfatizadas nesse convite gracioso de Deus:

Em primeiro lugar, *a paciência perseverante do restaurador*. "Desde os dias de vossos pais, vos desviastes dos meus estatutos e não os guardastes" (Malaquias 3:7). A geração de Malaquias estava no mesmo curso de desvio e desobediência dos seus pais. Apesar desse doloroso fato, Deus não desiste do seu povo nem desiste do direito que tem de atraí-lo para si, de chamá-lo ao arrependimento e de atraí-lo com cordas de amor. Deus o chama à restauração apesar de tantos anos de apostasia e rebeldia.

Em segundo lugar, *o profundo anseio do restaurador*. "Tornai-vos para mim..." (Malaquias 3:7). Deus não quer apenas uma volta a determinados ritos sagrados, a uma religiosidade formal. Ele quer comunhão, relacionamento, e por isso, diz: "tornai-vos para mim". O cristianismo é mais do que um credo, é comunhão com uma pessoa, a pessoa bendita do Deus eterno. É um relacionamento vivo com o Deus vivo. A palavra "tornar" significa arrepender-se, mudar de rumo e seguir na direção oposta.[107]

---

[107] WOLF, Herbert. *Ageu e Malaquias*. 1986: p. 112.

Em terceiro lugar, *a dinâmica relacional do restaurador*. "E eu me tornarei para vós outros, diz o SENHOR dos Exércitos" (Malaquias 3:7). Se queremos que Deus se volte para nós, devemos nos voltar para ele, porque fomos nós quem mudou e não Deus; ele é imutavelmente o mesmo (3:7).[108] Quando nos voltamos para Deus, o Deus da aliança, encontramos sempre os seus braços abertos, o beijo do perdão e a festa da reconciliação. Quando o povo de Deus se volta para ele em penitência, Deus se torna para ele em bênçãos e prosperidade.[109]

Deus procura adoradores e não adoração. Ele quer a nós, mais do que ao nosso culto, o nosso serviço. Antes de Deus requerer o dízimo, ele requer o coração. Antes de ordenar para trazer os dízimos, Deus ordena para trazer a vida. Os fariseus do tempo de Jesus eram extremamente zelosos na devolução dos dízimos. Eles davam até mesmo o dízimo das hortaliças. Mas Jesus os denunciou como hipócritas, porque davam o dízimo do endro, da hortelã e do cominho, mas negligenciavam os preceitos principais da lei: "[...] a justiça, a misericórdia e a fé" (Mateus 23:23).

Os fariseus transformaram a religião num conjunto interminável de rituais e deixaram de ter um relacionamento vivo e íntimo com Deus. Os fariseus superestimaram o dízimo, pensando que ao devolverem-no com fidelidade, podiam negligenciar o aspecto relacional da fé. Porém, o princípio bíblico é que o coração precisa vir primeiro para Deus, depois o bolso virá naturalmente. Jesus expressou isso claramente ao dizer: "[...] onde está o teu tesouro,

---

[108] MOORE, Thomas V. *A commentary on Haggai and Malachi*. 1960: p. 162.
[109] FEINBERG, Charles L. *Os profetas menores*. 1988: p. 343; MOORE, Thomas V. *A commentary on Haggai and Malachi*. 1960: p. 158.

aí estará também o teu coração" (Mateus 6:21). Se você ama a Deus, você não terá dificuldade alguma de ser um dizimista fiel.

Em quarto lugar, *a insensibilidade espiritual dos que são chamados à restauração*. "Mas vós dizeis: em que havemos de tornar?" (Malaquias 3:7). Pior que o pecado é a insensibilidade a ele. Pior que a transgressão é a falta de consciência dela. A cauterização e o anestesiamento da consciência são estágios mais avançados da decadência espiritual.

A restauração passa pela fidelidade na devolução dos dízimos

A pergunta do Senhor dos Exércitos é perturbadora:

> Roubará o homem a Deus? Todavia, vós me roubais e dizeis: Em que te roubamos? Nos dízimos e nas ofertas. Com maldição sois amaldiçoados, porque a mim me roubais, vós, a nação toda. Trazei todos os dízimos à casa do Tesouro, para que haja mantimento na minha casa; e provai-me nisto, diz o SENHOR dos Exércitos, se eu não vos abrir as janelas do céu e não derramar sobre vós bênção sem medida (Malaquias 3.8-10).

Precisamos entender alguns aspectos importantes sobre a questão do dízimo. Esse é um tema claro nas Escrituras. Muitas pessoas, por desconhecimento, têm medo de ensinar sobre esse importante tema. Outros, por ganância, fazem dele um instrumento para extorquir os incautos. Ainda outros por desculpas infundadas, sonegam-no, retém-no e apropriam-se indebitamente do que é santo ao Senhor. O povo de Deus, que fora restaurado por Deus, agora estava roubando a Deus nos dízimos e nas ofertas.

Thomas Moore, interpretando a lei de Moisés, diz que os dízimos requeridos pela lei mosaica eram 10% de tudo o que o povo recebia, valores esses destinados à manutenção dos levitas (Levítico 27:30-32). Desses dízimos os levitas pagavam 10% aos sacerdotes (Números 18:26-28). Ainda, outro dízimo era pago pelo povo a cada três anos, destinado aos pobres, viúvas e órfãos (Deuteronômio 14:28,29).[110]

Vejamos alguns pontos importantes sobre o dízimo:

Em primeiro lugar, *o dízimo é um princípio estabelecido pelo próprio Deus*. A palavra dízimo (heb. – *maaser* e gr. – *dexatem*) significa 10% de algo ou de algum valor.[111] O dízimo não é uma cota de 1% nem de 9%; o dízimo é a décima parte de tudo o que o homem recebe (Gênesis 14:20; Malaquias 3:10).[112] O dízimo não é invenção da igreja, é princípio perpétuo estabelecido por Deus. O dízimo não é dar dinheiro à igreja, é ato de adoração ao Senhor. O dízimo não é opcional, é mandamento; não é oferta, é dívida; não é sobra, e sim primícias; não é um peso, é uma bênção.

O dízimo é ensinado em toda a Bíblia: antes da lei (Gênesis 14:20), na lei (Levítico 27:30), nos livros históricos (Neemias 12:44), poéticos (Provérbios 3:9,10), proféticos (Malaquias 3:8-12) e também no Novo Testamento (Mateus 23:23; Hebreus 7:8). O dízimo não é uma questão meramente financeira, mas, sobretudo, espiritual.

O bolso revela o coração. Durante o reinado de Ezequias, houve um grande despertamento espiritual, e o resultado foi a dedicação de dízimos e ofertas ao Senhor (2Crônicas 31:5,12,19).

---

[110] MOORE, Thomas V. *A commentary on Haggai and Malachi*. 1960: p. 159.
[111] TEIXEIRA, Ivonildo. *Finanças com propósito*. Editora Atos. Belo Horizonte, MG. 2003: p. 91.
[112] TEIXEIRA, Ivonildo. *Basta! Mendigo no más*. 2005: p. 28.

Sempre que o povo de Deus se volta para o Senhor com o coração quebrantado, os dízimos são devolvidos.

Em segundo lugar, *o dízimo é santo ao Senhor* (Levítico 27:32). Quando o rei Belsazar usou utensílios santos e sagrados do templo de Deus para o próprio deleite, o juízo divino caiu sobre ele (Daniel 5:22-31). "Quando Acã tomou das coisas condenadas (primícias para Deus) (Josué 6:18,19) [...] A ira do SENHOR se acendeu contra os filhos de Israel" (Josué 7:1).

Em terceiro lugar, *o dízimo faz parte do culto*. A devolução dos dízimos fazia parte da liturgia do culto. "A esse lugar fareis chegar os vossos holocaustos, e os vossos sacrifícios, e os vossos dízimos..." (Deuteronômio 12:6). A devolução dos dízimos é um ato litúrgico, um ato de adoração que deve fazer parte do culto do povo de Deus.

Em quarto lugar, *o dízimo é para o sustento da Casa de Deus*. "Aos filhos de Levi dei todos os dízimos em Israel por herança, pelo serviço que prestam, serviço da tenda da congregação" (Números 18:21). O dízimo é o recurso que Deus estabeleceu para o sustento de pastores, missionários, obreiros, aquisição de terrenos, construção de templos, compra de literatura, assistência social, também toda a manutenção e extensão da obra de Deus sobre a terra. Se no judaísmo os adoradores traziam mais de 10% de tudo que recebiam para a manutenção da Casa de Deus e dos obreiros de Deus, bem como para atender às necessidades dos pobres, muito mais agora, que a igreja tem o compromisso de fazer discípulos de todas as nações.

Em quinto lugar, vejamos algumas *desculpas descabidas quanto ao dízimo*:

A primeira desculpa é *a justificativa teológica: O dízimo é da lei*. Sim, o dízimo é da lei, é antes da lei e também depois da lei. Ele existiu no sacerdócio de Melquisedeque, no sacerdócio levita e no sacerdócio de Cristo. A graça vai sempre além da lei (Mateus 23:23). Se a lei nos isenta do dízimo, então, também nos isentará da justiça, da misericórdia e da fé, pois também são da lei. Ainda que o dízimo fosse uma prática exclusiva da lei, mesmo assim, deveríamos observá-lo, pois também o decálogo é da lei e nem por isso, sentimo-nos desobrigados de obedecê-lo. Ivonildo Teixeira corretamente exorta àqueles que procuram escapar da responsabilidade do dízimo, dizendo que só veem sua prática no Antigo Testamento:

> Que bom você enxergar o dízimo no Testamento que fala do povo de Deus, dos grandes milagres, dos homens ungidos, dos reis e rainhas, dos profetas e sacerdotes que foram tremendamente usados por Deus. É no Antigo Testamento que encontramos os Dez Mandamentos que nos ensinam a: "Não adorar a outro deus", "Não fazer imagens de escultura", "Não matar", "Não adulterar", "Não roubar", "Não cobiçar". Como essas leis estão inseridas no Antigo Testamento, sendo assim, você vai fazer tudo ao contrário? Creio que não! Se você crê na inspiração do Antigo Testamento, o dízimo está incluso, ordenado por Deus, e isso basta![113]

A segunda desculpa *é a justificativa financeira: O que eu ganho não sobra*. Dízimo não é sobra, e sim primícias. Deus não é Deus de sobra, de resto. A sobra nós damos para os animais domésticos. A ordem de Deus é: "Honra ao Senhor com os teus bens e com as primícias de toda a tua renda..." (Provérbios 3:9). Os homens fiéis sempre separaram o melhor para Deus, ou seja, as primícias

---

[113] TEIXEIRA, Ivonildo. *Finanças com propósito*. 2003: p. 95.

(Êxodo 23:19; 1Crônicas 29:16; Neemias 10:37). Se não formos fiéis, Deus não deixa sobrar. O profeta Ageu diz que o infiel recebe salário e o coloca num saquitel furado, vaza tudo. O que ele rouba de Deus foge entre os dedos (Ageu 1:6).

Hoje, os cristãos gastam mais com cosmético do que com o Reino de Deus. Investem mais em coisas supérfluas do que com a salvação dos perdidos. Gastamos mais com aquilo que perece do que com a evangelização do mundo. Quando acumulamos justificativas e desculpas para sonegarmos o dízimo, revelamos apenas que o Reino de Deus não é nossa prioridade e que o nosso amor por Deus é menor que o nosso apego ao dinheiro. Quando dizemos que a razão de retermos o dízimo é que se o pagarmos vai nos faltar o básico, estamos permitindo que Satanás encha o nosso coração de incredulidade. É Deus quem cuida do seu povo. Dele vem a nossa provisão. Cabe-nos obedecer a Deus e deixar as consequências em suas mãos. Ele é fiel!

A terceira desculpa *é a justificativa matemática: Eu não entrego o dízimo, porque tem crente que não é dizimista e prospera ao passo que tem crente dizimista que é pobre*. Não basta apenas ser dizimista, é preciso ter a motivação correta. É um engano pensar que as bênçãos de Deus se limitam apenas às coisas materiais. As pessoas mais ricas e mais felizes do mundo foram aquelas que abriram mão do que não podiam reter, para ganhar o que não podiam perder.

Dízimo não é barganha nem negócio com Deus. Precisamos servir a Deus por quem ele é e não pelo que vamos receber em troca. Se o seu coração ainda está no dinheiro, você precisa se converter. A prosperidade financeira sem Deus pode ser um laço. Um homem nunca é tão pobre como quando só possui dinheiro. Jesus disse que a vida de um homem não consiste nas riquezas que ele tem. Nada trouxemos para este mundo nem nada levaremos dele. O máximo que o dinheiro pode oferecer ao homem é um rico enterro. Riqueza sem salvação é a mais consumada miséria.

A quarta desculpa *é a justificativa sentimental: Eu não sinto que devo entregar o dízimo*. Pagar o dízimo não é questão de sentimento, mas de obediência. O crente vive pela fé e fé na Palavra. Não posso chegar diante do gerente e dizer que não sinto vontade de pagar a dívida no banco. Não posso encher o meu carrinho de compras no supermercado e depois dizer para o caixa: eu não sinto vontade de pagar essa dívida.

Apropriar-se do dízimo é desonestidade, é roubo, é apropriar-se do que não nos pertence. Enganam-se aqueles que sonegam o dízimo, porque julgam que Deus não bate à sua porta para cobrar nem manda seu nome para o SPC do céu. A Bíblia diz que de Deus não se zomba, aquilo que o homem semear, isso ceifará. A retenção do dízimo provoca a maldição divina e a ação devastadora do devorador.

A quinta desculpa *é a justificativa da consciência: Eu não sou dizimista, mas dou oferta*. Dízimo é dívida, oferta é presente. Primeiro você paga a dívida, depois dá o presente. Não posso ser honesto com uma pessoa se devo a ela dez mil reais, e chego com um presente de quinhentos reais, visando com isso, quitar a dívida. Não podemos subornar a Deus. Ele não pode ser comprado nem enganado. Deus requer fidelidade!

A sexta desculpa *é a justificativa política: A igreja não administra bem o dízimo*. Deus mandou que eu trouxesse todos os dízimos à Casa do Tesouro, mas não me nomeou fiscal do dízimo. Eu não sou juiz do dízimo de Deus. Minha obediência não deve ser condicional. Quem administra o dízimo vai prestar contas a Deus.

A sétima desculpa *é a desculpa da visão mesquinha: A igreja é rica, ela não precisa do meu dízimo*. Em primeiro lugar, o dízimo não é meu, mas de Deus. Em segundo lugar, meu dever é entregá-lo com fidelidade como Deus me ordenou e aonde Deus me ordenou. Ainda perguntamos: será que temos tomado conhecimento das necessidades da igreja? Vislumbramos as possibilidades de investimento em prol do avanço da obra? Além do mais, o dízimo não é da igreja, é do Senhor. É ele quem o recebe (Hebreus 7:8).

A oitava desculpa *é a desculpa da discordância pessoal: Eu não concordo com o dízimo*. Temos o direito de discordar, só não temos o direito de escolher as consequências das nossas decisões. Quando discordamos do dízimo, estamos discordando da Palavra de Deus que não pode falhar. Quando discordamos do dízimo estamos indo contra a palavra dos patriarcas, dos profetas, e acima de tudo, do Senhor Jesus, que disse: "Dai, pois, a César [os impostos, os tributos e as taxas] o que é de César e a Deus o que é Deus [os dízimos e as ofertas]" (Mateus 22:21).[114]

Em sexto lugar, *pecados graves quanto ao dízimo*. Malaquias denuncia alguns pecados graves quanto ao dízimo que estavam sendo cometidos pelo povo:

O primeiro pecado *é reter o dízimo*. "Roubará o homem a Deus? Todavia, vós me roubais, e dizeis: Em que te roubamos? Nos dízimos e nas ofertas" (3:8). Joyce Baldwin diz que o verbo "roubar", *qaba*, é raro no Antigo Testamento, mas bem conhecido na literatura talmúdica como "tomar à força".[115] O povo estava roubando a Deus: 1) trazendo ofertas indignas (Malaquias 1:13); 2) oprimindo os pobres (Malaquias 3:5); 3) retendo os dízimos (Malaquias 3:8). A palavra *roubar*, portanto, significa tomar à

---

[114] TEIXEIRA, Ivonildo. *Finanças com propósito*. 2003: p. 94.
[115] BALDWIN, Joyce G. *Ageu, Zacarias e Malaquias*. 1972: p. 206.

força, ou seja, é uma espécie de assalto intencional, planejado e ostensivo. A única vez que esse verbo aparece novamente é em Provérbios 22:23 para descrever o *despojamento* do pobre. Reter o dízimo santo do Senhor é uma insensatez, pois ninguém pode roubar a Deus impunemente.

Tentar defraudar a Deus é defraudar a si mesmo,[116] pois tudo que temos lhe pertence: nossa vida, família e bens. Uma águia buscando alimento para os filhos arrancou com suas possantes garras a carne do altar do sacrifício. Voou para o ninho dos seus filhotes com o cardápio do dia, mas havia ainda na carne uma brasa acesa, que incendiou o ninho dos seus filhotes, provocando um desastrado acidente. Não é seguro retermos o que é de Deus para o nosso sustento.

Deus é o Criador, provedor e protetor, por isso devemos depender dele mais do que dos nossos recursos. Nossa confiança precisa estar no provedor mais do que na provisão. Nenhum homem jamais perdeu alguma coisa por servir a Deus de todo o coração, ou ganhou qualquer coisa, servindo a ele com o coração dividido, diz Thomas Moore.[117] Diante da sonegação dos dízimos, o Senhor lhes lembra que estavam, na realidade, roubando a si próprios, pois o resultado de tal atitude era o fracasso das colheitas.[118]

Dionísio Pape afirma que quem rouba a Deus não é capaz de amá-lo.[119] Na verdade, sonegar o dízimo é atuar com dolo e essa é uma maneira estranha de exprimir gratidão a Deus, diz Herbert Wolf.[120] Reter o dízimo é colocar o salário num saquitel furado,

---

[116] MOORE, Thomas V. *A commentary on Haggai and Malachi.* 1960: p. 162.
[117] MOORE, Thomas V. *A commentary on Haggai and Malachi.* 1960: p. 162.
[118] ELLISEN, Stanley A. *Conheça melhor o Antigo Testamento.* 1991: p. 347.
[119] PAPE, Dionísio. *Justiça e esperança para hoje.* ABU. São Paulo. 1983: p. 136.
[120] WOLF, Herbert. *Ageu e Malaquias.* 1986: p. 113.

diz o profeta Ageu (Ageu 1:6). Jamais uma pessoa prosperará retendo o dízimo de Deus, pois a Bíblia diz que reter mais do que é justo é pura perda (Provérbios 11:24). Reter o dízimo é uma clara demonstração de amor ao dinheiro, e a Bíblia diz que o amor ao dinheiro é raiz de todos os males (1Timóteo 6:10). Reter o dízimo é desconfiar da providência divina, é um ato de incredulidade e infidelidade àquele que nos dá a vida, a saúde, o sustento e a própria vida eterna. Reter o dízimo é roubar a Deus de forma ostensiva e abusiva. Reter o dízimo é desamparar a Casa de Deus (Deuteronômio 26:14).

Thomas Moore diz que se quisermos ter os tesouros de Deus abertos, devemos abrir os nossos tesouros (Malaquias 3:10,11).[121] Corações inteiros e mãos abertas abrem sobre nós as janelas dos céus e disponibilizam para nós os inesgotáveis recursos de Deus.

Malaquias fala não apenas do dízimo, mas também das ofertas. Eram as partes dos sacrifícios separados para os sacerdotes (Êxodo 29:27,28; Levítico 7:32; Números 5:9). Elas tinham também uma finalidade especial (Êxodo 25:2-7). Quando ninguém trazia ofertas, os levitas não tinham outra opção senão desistir do seu ministério e ganhar o seu sustento na agricultura, diz Baldwin.[122]

O segundo pecado é *subtrair o dízimo*. A Bíblia ordena: "Trazei todos os dízimos" (Malaquias 3:10). O dízimo é integral. Muitas pessoas pensam que podem enganar a Deus quando estão preenchendo o cheque do dízimo. Elas colocam um valor muito inferior ao que representa os 10% estabelecidos pelo Senhor. Pelo fato de enganarem a igreja, pensam que também enganam o Senhor da igreja. Isso é um terrível engano. Deus não precisa de dinheiro,

---

[121] MOORE, Thomas V. *A commentary on Haggai and Malachi*. 1960: p. 162.
[122] BALDWIN, Joyce G. *Ageu, Zacarias e Malaquias*. 1972: p. 206-207.

pois dele é o ouro e a prata (Ageu 2:8). Não precisava da árvore da ciência do bem e do mal no Jardim do Éden. Deus queria a fidelidade de Adão. Não precisava do sacrifício de Isaque, ele queria a obediência de Abraão. Assim, também, Deus não precisa de dinheiro, ele requer a fidelidade do seu povo. Deus viu Ananias e Safira escondendo parte da oferta e os puniu por isso. Podemos nós enganar àquele que tudo vê? O dízimo é sustento da Casa do Senhor. Os levitas e os sacerdotes viviam dos dízimos. Os pobres eram amparados com os dízimos (Deuteronômio 14:28). Devemos trazer todos os dízimos à casa do Tesouro.

O terceiro pecado *é administrar o dízimo*. A Bíblia ensina: "Trazei todos os dízimos à casa do Tesouro" (Malaquias 3:10). Não temos o direito de mudar uma ordem do Senhor (Deuteronômio 12:11). Não podemos fazer o que bem entendemos com o que é de Deus. Não somos chamados para administrar o dízimo nem para sermos juízes dele, mas para devolvê-lo ao seu legítimo dono. Deus mesmo já estabeleceu em sua Palavra que o dízimo deve ser entregue em sua Casa.

Há pessoas que repartem o dízimo para várias causas: enviam 2% a uma igreja necessitada. Remetem 3% para uma obra social. Ajudam um missionário com mais 2% e depois, entregam 3% à igreja onde frequentam. Essa prática está errada. Não temos o direito de administrar o dízimo. Há pessoas, ainda, que frequentam uma igreja e entregam todo o dízimo em outra. Isso é a mesma coisa de jantar num restaurante e pagar a conta em outro. Se quisermos ajudar uma causa, devemos fazê-lo com o que nos pertence e não com o dízimo do Senhor. Este deve ser trazido integralmente à casa do Tesouro. A casa do Tesouro era uma expressão que designava os celeiros, ou armazéns, a tesouraria do templo, amplos salões em que se colocavam os dízimos (1Reis 7:51).[123] O quarto pecado é *subestimar o dízimo*. Eles perguntavam: "Em que te roubamos?" (Malaquias 3:8). Eles pensavam que o dízimo era um assunto sem importância. Eles sonegavam o dízimo e julgavam que essa prática não os afetava espiritualmente. A nossa negligência e a dureza do nosso coração em reconhecermos o nosso pecado, não atenua a nossa situação. O que pensamos sobre uma situação não a altera aos olhos de Deus. A verdade de Deus é imutável, e isso não depende do que venhamos a pensar a respeito dela. A geração de Malaquias não apenas sonegava o dízimo, como também não sentia por isso nenhuma culpa. Eles pecaram e ainda justificavam o seu pecado.

Em sétimo lugar, vejamos *dois perigos sérios quanto à negligência do dízimo*. O profeta Malaquias avisa solenemente acerca de dois graves perigos para aqueles que sonegam o dízimo e retêm em suas mãos o que é santo ao Senhor.

O primeiro perigo é *a maldição divina*. "Com maldição sois amaldiçoados, porque a mim me roubais, vós, a nação toda" (Malaquias 3:9). A maldição chega a um terceiro nível no livro de Malaquias. A primeira maldição foi imposta ao enganador que tendo o melhor, dá o pior para Deus (Malaquias 1:14). A segunda maldição é endereçada aos sacerdotes que desonram a Deus (Malaquias 2:2), mas, agora, a terceira maldição é derramada sobre toda a nação que está roubando a Deus nos dízimos e ofertas (Malaquias 3:8,9). A desobediência sempre resulta em maldição. Insurgir-se contra Deus e violar as suas leis traz maldição inevitável.

[123] WOLF, Herbert. *Ageu e Malaquias*. 1986: p. 114.

Deus é santo e não premia a infidelidade. Ele vela para que sua Palavra seja cumprida. Deus é fogo consumidor e terrível coisa é cair nas mãos do Deus vivo. É tempo de a igreja se arrepender do seu pecado de infidelidade quanto ao dízimo. Sonegar o dízimo é desamparar a casa de Deus. Sonegar o dízimo é deixar de ser seu cooperador na implantação do Reino. Precisamos nos voltar para Deus de todo o nosso coração, pois só assim traremos com o coração tudo o que somos e temos para o altar.

O segundo perigo é *a devastação do devorador*. "Por vossa causa repreenderei o devorador" (Malaquias 3:11). O devorador pode ser tudo aquilo que subtrai nossos bens, que conspira contra o nosso orçamento e que mina as nossas finanças. Thomas Moore diz que "o devorador" aqui não deve ser entendido como qualquer tipo específico de destruidor, mas qualquer e todo tipo, racional ou irracional.[124]

O profeta Ageu alertou sobre as consequências da infidelidade, dizendo que isso é o mesmo que receber salário e colocá-lo num saquitel furado (Ageu 1:6). Quando retemos fraudulentamente o que é de Deus, o devorador come o que deveríamos entregar no altar do Senhor.

A restauração traz bênçãos singulares de Deus

A ordem de Deus é clara:

> Trazei todos os dízimos à casa do Tesouro, para que haja mantimento na minha casa; e provai-me nisto, diz o SENHOR dos Exércitos, se eu não vos abrir as janelas do céu e não derramar sobre vós bênção sem medida. Por vossa causa, repreenderei o

---

[124] MOORE, Thomas V. *A commentary on Haggai and Malachi*. 1960: p. 161.

devorador, para que não vos consuma o fruto da terra; a vossa vide no campo não será estéril, diz o Senhor dos Exércitos. Todas as nações vos chamarão felizes, porque vós sereis uma terra deleitosa, diz o Senhor dos Exércitos (Malaquias 3.10-12).

O profeta Malaquias aponta quatro bênçãos que acompanham a restauração divina sobre aqueles que são fiéis nos dízimos e nas ofertas:

Em primeiro lugar, *as janelas abertas do céu* (Malaquias 3:10). É lá do alto que procede toda boa dádiva. Deus promete derramar sobre os fiéis, as torrentes caudalosas das suas bênçãos. Baldwin diz que as janelas do céu, que se abriram para a chuva durante o dilúvio (Gênesis 7:11), "choverão" uma sequência superabundante de presentes, quando Deus mandar.[125] É bênção sobre bênção, é bênção sem medida. É abundância. É fartura. Mais vale 90% com a bênção do Senhor do que 100% sob a sua maldição.

Janelas abertas falam não apenas de bênçãos materiais, mas de "[...] toda sorte de bênção espiritual" (Efésios 1:3). Nós precisamos evitar dois extremos: a teologia da prosperidade e a teologia da miséria. A teologia da prosperidade limita as bênçãos de Deus ao terreno material; a teologia da miséria não enxerga a bênção de Deus nas suas dádivas materiais.

Em segundo lugar, *as bênçãos sem medida de Deus* (Malaquias 3:10). A bênção de Deus enriquece e com ela não traz desgosto. A Bíblia diz que aquilo que plantamos, isso também, colhemos. Mas colhemos sempre mais que plantamos. "[...] o que semeia com fartura com abundância também ceifará" (2Coríntios 9:6).

---

[125] Baldwin, Joyce. *Ageu, Zacarias e Malaquias*. 1972: p. 207.

A promessa de Deus é: "[...] dai, e dar-se-vos-á; boa medida, recalcada, sacudida, transbordante, generosamente vos darão; porque com a medida com que tiverdes medido vos medirão também" (Lucas 6:38). Deus promete literalmente fazer prosperar a quem dá com liberalidade (2Coríntios 9:6-11): "A quem dá liberalmente, ainda se lhe acrescenta mais e mais; ao que retém mais do que é justo, ser-lhe-á em pura perda. A alma generosa prosperará, e quem dá a beber será dessedentado" (Provérbios 11:24,25).

Em terceiro lugar, *o devorador repreendido* (Malaquias 3:11). Deus não age apenas ativamente derramando bênçãos extraordinárias, mas também inibe, proíbe e impede a ação do devorador na vida daqueles que lhe são fiéis. Alguém, talvez, possa objetar dizendo que há muitos crentes não dizimistas que são prósperos financeiramente, enquanto há dizimistas que enfrentam dificuldades econômicas. Contudo, a riqueza sem fidelidade pode ser maldição e não bênção. Também, as bênçãos decorrentes da obediência não são apenas materiais, mas toda sorte de bênção espiritual em Cristo Jesus.

O apóstolo Paulo diz que grande fonte de lucro é a piedade com contentamento, enquanto afirma que os que querem ficar ricos caem em tentação, e cilada, e em muitas concupiscências insensatas e perniciosas, as quais afogam os homens na ruína e perdição (1Timóteo 6:6,9). A maldição do devorador não se quebra com ritos místicos nem com oração e jejum, mas enfiando a mão no bolso e devolvendo a Deus o que lhe pertence: os dízimos e as ofertas.

Em quarto lugar, *uma vida feliz* (Malaquias 3:12): "Todas as nações vos chamarão felizes, porque vós sereis uma terra deleitosa, diz o Senhor dos Exércitos". Há grande alegria na obediência a Deus. Quando a igreja é fiel, a Casa de Deus é suprida, a obra de

Deus cresce, o testemunho da igreja resplandece, os povos conhecem ao Senhor e a glória de Deus resplandece entre as nações. Ser cooperador com Deus é fazer um investimento para a eternidade (1Coríntios 3:9). Muitos estão investindo em projetos que não terão nenhuma consequência eterna. Onde você está ajuntando tesouros? Onde está colocando suas riquezas? Onde você tem colocado o seu coração? O dinheiro do Senhor que está em suas mãos tem sido devolvido para o sustento da obra de Deus?

Concluímos dizendo que Deus chama o seu povo a fazer prova dele. O Senhor nos exorta a fazer prova dele quanto a esse assunto (Malaquias 3:10). Deus não quer obediência cega, mas fidelidade com entendimento. O dinheiro é uma semente. Quando você semeia com fartura, você colhe com abundância. Na verdade você tem o que dá, perde o que retém. A semente que se multiplica não é a que você come, mas a que você semeia. Jesus disse: "Mais bem-aventurado é dar que receber" (Atos 20:35). Quando você oferta, Deus multiplica a sua sementeira. Deus nunca fica em dívida com ninguém. Ele nos desafia e nos exorta a fazer prova dele. Precisamos aprender a ofertar. Precisamos ter experiências da generosidade de Deus.

Deus nos propõe duas alternativas: O que você vai escolher: bênção ou maldição? Se o povo de Deus trouxer os dízimos à Casa do Tesouro na terra, Deus abrirá os seus tesouros no céu.

Deus propõe ao seu povo dois caminhos: de bênção ou de maldição. Que caminho iremos escolher? Que decisão tomaremos? Ele nos exorta a escolher o caminho da bênção, o caminho da vida!

Sua opinião é importante para nós.
Por gentileza, envie-nos seus comentários pelo e-mail:

editorial@hagnos.com.br

Visite nosso site:

www.hagnos.com.br